DEBUT D'UNE SERIE DE DOCUMENTS
EN COULEUR

SCIENCE ET RELIGION

Etudes pour le temps présent

Henri COUGET

La Divinité de Jésus-Christ

La Catéchèse

Apostolique

BLOUD & Cie

Bibliothèque de l'Enseignement scripturaire

L'Enseignement de Jésus

PAR

Pierre BATIFFOL

Recteur de l'Institut catholique de Toulouse

1 vol. grand in-16. Prix : **3 fr. 50** ; *franco, 4 fr.*

Le Recteur de l'Institut catholique de Toulouse divise son exposé en sept chapitres :

I. La méthode d'enseignement de Jésus. — II. L'enseignement de Jésus et la loi juive. — III La paternité de Dieu. — IV. La religion de l'homme nouveau. — V. Le royaume de Dieu. — VI. Jésus lui-même. — VII. L'avenir.

Sous ces sept titres, l'historien embrasse les grandes lignes et les idées organiques de l'enseignement du divin Maître. Pareille synthèse n'est pas une présentation totale de l'enseignement de Jésus, lequel n'est intégré que si l'on unit le quatrième Évangile et la tradition chrétienne aux données fournies par les trois Synoptiques. Mais cette synthèse, partielle, préalable, est la base scientifique, sans laquelle rien ne se construit solidement, à s'en tenir loyalement à la méthode historique.

L'Enseignement de Jésus se trouve être, qu'on le veuille ou non, une réponse à l'*Évangile et l'Église*. Le Recteur de Toulouse, cependant, s'est tenu en dehors de toute controverse, comme aussi bien en dehors de toute apologétique : il n'a voulu faire qu'un exposé historique.

L'introduction du livre est consacrée à montrer comment la tradition synoptique, en ce qui concerne l'enseignement de Jésus, est d'une authenticité substantiellement inattaquable.

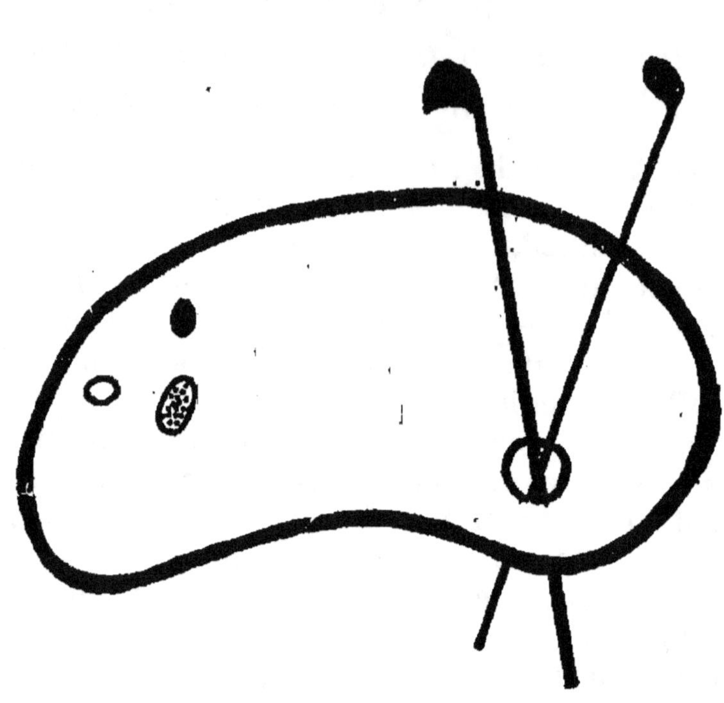

FIN D'UNE SERIE DE DOCUMENTS
EN COULEUR

LA DIVINITÉ DE JÉSUS-CHRIST

———

LA CATÉCHÈSE APOSTOLIQUE

DANS LA MÊME COLLECTION

APPELMANS (Chanoine), professeur de philosophie au petit Séminaire de Malines. — 356. **Nécessité philosophique de l'existence de Dieu**........ 1 vol..

BROGLIE (Abbé de). — 188-189. **Les Relations entre la Foi et la Raison.** *Exposé historique,* avec Préface par le R. P. Augustin LARGENT, 2 vol. Prix : 1 fr. 20

—242-243. **Les Conditions modernes de l'accord entre la Foi et la Raison,** avec Préface par le R. P. LARGENT................................... 2 vol. Prix : 1 fr. 20

— 302-303. **Les Prophéties Messianiques,** avec préface par le R. P. A. LARGENT........ 2 vol. Prix : 1 fr. 20

— 312-313. **Monothéisme, Hénothéisme, Polythéisme.** 2 vol...................... Prix : 1 fr. 20

— 314-315. **Le Surnaturel........** 2 vol. Prix : 1 fr. 20

CHAUVIN (Abbé), supérieur du P. S. de Mayenne, consulteur de la Commission biblique. — 135. **L'Enfance du Christ d'après les Traditions juives et chrétiennes**...................... 1 vol.

— 136. **Le Purgatoire, s'il existe, et ce qu'il est.** 1 vol.

— 151. **Le Procès de Jésus-Christ............** 1 vol.

— 164. **Au Golgotha ou les derniers moments de Jésus**......................... 1 vol.

— 165. **Jésus-Christ est-il ressuscité ?........** 1 vol.

— 166. **Histoire de l'Antéchrist................** 1 vol.

CHOLLET (Abbé), professeur aux Facultés catholiques de Lille. — 333. **Le Dogme de l'Eucharistie chez les Scolastiques**........................... 1 vol.

CONSTANT (Abbé). — 11. **Le Mystère de l'Eucharistie.** — *Aperçu scientifique*.................. 1 vol.

COURBET (P.), ancien élève de l'Ecole Polytechnique. 6. **Jésus-Christ est Dieu**.................. 1 vol.

— 36. **Convenance scientifique de l'Incarnation.** 1 vol.

LE BACHELET (R. P.). — 239-240. **L'Immaculée-Conception.** *Courte histoire d'un dogme.* 2 vol. Prix................................... 1 fr. 20

SCIENCE ET RELIGION
Études pour le temps présent

LA DIVINITÉ DE JÉSUS-CHRIST

LA CATÉCHÈSE APOSTOLIQUE

PAR

Henri COUGET

PARIS

LIBRAIRIE BLOUD & Cie

4, RUE MADAME

OUVRAGES DU MÊME AUTEUR

La Sainte Trinité et les doctrines antitrinitaires.
Etude historique, 2 vol. Collection *Science et Religion*.

La Divinité de Jésus-Christ. — Tome II. — *L'Enseignement de saint Paul.* — 1 vol. Collection *Science et
Religion.*

EN PRÉPARATION :

La Divinité de Jésus-Christ. — Tome III. — *L'Enseignement de saint Jean.*

Tome IV. — *La Doctrine des Pères apostoliques.*

IMPRIMATUR :

Parisiis, die 12ª Februarii 1906. G. Lefebvre *vic. gén.*

LA DIVINITÉ DE JÉSUS-CHRIST

LA CATÉCHÈSE APOSTOLIQUE

CHAPITRE PREMIER

Questions préliminaires.

Avant de demander aux livres du Nouveau Testament leur doctrine concernant la personne de Jésus-Christ, quelques remarques préliminaires sur l'origine et le caractère de ces écrits semblent nécessaires.

Les 27 opuscules qui composent le Nouveau Testament ont été rédigés à des dates, dans des pays, des circonstances et pour des buts différents. Lequel est le plus ancien, et lequel le plus récent ? Quel est celui qui permettra de retrouver l'expression la plus voisine de la foi primitive ?

Suivant l'opinion traditionnelle, ces divers écrits auraient vu le jour dans l'espace d'un demi-siècle. Une quinzaine d'années après l'Ascension du Sauveur aurait paru l'Evangile selon saint Matthieu (45-48); puis saint Paul aurait adressé aux Thessaloniciens, aux Corinthiens, aux Galates et aux Romains, ses Epîtres antérieures à sa captivité (entre 53 et 62) ; peu après cette époque auraient été écrits l'Evangile selon saint Luc, les Epîtres aux Ephésiens, aux Colossiens, à Philémon, aux Philippiens, contemporaines de la captivité de l'Apôtre, les Actes des Apôtres, la Ire Epître de saint Pierre, l'Epître de saint Jacques et l'Epître aux Hébreux (entre 60 et 64). L'Evangile selon saint Marc serait du même temps (62-67). Viendraient ensuite les Epîtres à Tite et à Timothée, la IIe Epître de saint Pierre (63-67), l'Epître de saint Jude (67-70) et enfin l'Evangile selon saint Jean, l'Apocalypse et les trois Epîtres de saint Jean (90-100).

Harnack (1) classe en premier lieu les Epîtres de saint Paul, écrites avant et pendant la captivité (47-59) ; puis, les Evangiles selon saint Marc (65-70), saint Matthieu (70-75), saint Luc (78-93), les Actes des Apôtres (78-93), l'Epître aux Hébreux (81-96), la Ire Epître attribuée à saint Pierre (81-96), l'Apocalypse (93-96), l'Evangile et les trois Epîtres du presbytre Jean (80-110), les trois Epîtres pastorales attribuées à saint Paul (90-110), les Epîtres attribuées l'une à saint Jude (100-130), l'autre à saint Jacques (120-140) et enfin la IIe Epître attribuée à saint Pierre (160-175).

Les représentants de l'école catholique progressiste en France regardent, eux aussi, une partie des œuvres de saint Paul, comme antérieure aux autres livres du Nouveau Testament. Mgr Batiffol assigne l'an 53 aux Epîtres aux Thessaloniciens et aux Galates, l'an 58 aux Epîtres aux Corinthiens. L'Epître aux Romains serait datée de 58 à 59, celles aux Philippiens,

____

(1) *Die Chronologie der altchristlichen Litteratur bis Eusebius.* (Leipzig, 1897).

aux Colossiens et aux Ephésiens le seraient de
62 à 64 et l'an 65 aurait vu la rédaction de l'Epître
aux Hébreux (1). Le même auteur ajoute, à propos des Evangiles : « Nous sommes bien près,
quant à nous, d'être d'accord avec M. Harnack.
Comme lui et avec la pluralité des critiques
actuels, nous croyons à la priorité de saint Marc,
que nous estimons toutefois plus ancien (60 environ). Nous vieillissons pareillement saint Luc,
que nous tenons comme contemporain de la
captivité de saint Paul à Rome (65 environ).
Saint Mathieu serait du même temps (65-70). Le
quatrième évangile se placerait vers 95. Ces
datations sont, vous le pensez bien, des approxi-
mations obtenues par la critique interne, laquelle
a tendance toujours à être en deçà du vrai et à
pencher vers les moins-values. Au total, l'écart
est de trente à quarante ans entre la rédaction des
Evangiles synoptiques et le moment, très court,
de l'activité historique du Sauveur (2). »

Le R. P. Rose estime également que « le plus
ancien témoin de la foi de l'Eglise est saint Paul ;
ses Lettres sont les premiers écrits du Nouveau
Testament ; les Evangiles synoptiques qui sont
espacés à des dates diverses dans le premier siècle,
leur sont postérieurs (3). » Mgr Le Camus émet
la même opinion et pense que saint Paul « a
problablement écrit la plupart de ses Epîtres
avant la rédaction des Synoptiques (4). »

On ne peut pas cependant n'être pas frappé de
la différence profonde qui existe entre les Lettres
de saint Paul et les Synoptiques. Ces Lettres

(1) *Six leçons sur les Evangiles.* 2ᵉ Edition, Lecoffre, 1897, p. 75, etc.
(2) *Jésus et l'histoire,* conférence ; Lecoffre, 1901, p. 14-15. — Voir
également *L'Enseignement de Jésus.* Bloud, 1905, p. ix-x.
(3) *Etudes sur les Evangiles,* Welter, 1902, p. 213.
(4) *Fausse exégèse, mauvaise théologie.* Oudin, 1901, p. 78.

témoignent incontestablement d'une connaissance plus approfondie, plus mûrie, plus systématisée de la doctrine. Et si l'on compare, par exemple, l'Epître aux Romains et l'Evangile selon saint Marc écrit à Rome pour les Romains, la théologie de l'Epître semblerait plutôt le développement déjà avancé des principaux points doctrinaux indiqués dans l'Evangile. Et pourtant l'Epître a précédé l'Evangile de quelques années.

Aussi convient-il de ne pas perdre de vue que la date, quelle qu'elle soit d'ailleurs, assignée aux Synoptiques, est généralement considérée comme celle de la rédaction dernière et définitive, dans la forme où ces écrits nous sont parvenus. On sait, en effet, que la critique a cru discerner plusieurs rédactions successives. Ce qui semble hors de doute, c'est que les écrivains ont utilisé des sources représentées, non seulement par des traditions orales, mais aussi par des documents écrits. Saint Luc le dit en propres termes : « Puisque plusieurs ont entrepris de composer un récit des événements qui se sont accomplis parmi nous, d'après ce que nous transmirent ceux qui dès le commencement furent les témoins oculaires et sont devenus les ministres de la parole, il m'a aussi semblé bon, à moi qui ai suivi exactement toutes choses depuis l'origine, de te les écrire dans leur ordre (1). » Ce texte du troisième Evangile ne peut s'appliquer à saint Matthieu qui était, lui, « un témoin oculaire » et un « ministre de la parole ». L'historien pense peut-être à saint Marc, mais il vise vraisemblablement d'autres rédacteurs, lesquels ont recueilli la tradition orale, se sont enquis auprès des témoins oculaires, puis ont rédigé leurs notes d'après ce

____

(1) *Evangile selon saint Luc*, I, 1-1.

qu'ils ont entendu. Il existait donc des évangiles fragmentaires que saint Luc a lus, consultés et même reproduits. L'examen de son œuvre confirme son témoignage. On y retrouve des morceaux dont la couleur, la fraîcheur primitive, l'allure hébraïque ont été conservées et qui remontent au premier âge de l'Eglise naissante. Papias mentionne également un Evangile primitif, les *Logia* ou *Discours du Seigneur* (1).

Antérieurement aux Epîtres de saint Paul, et dès les origines, circulaient donc des récits, des discours évangéliques, documents de première main, presque contemporains des événements, qui auraient servi de matière première à la rédaction des Synoptiques et même d'une partie (I-XII) des Actes des Apôtres (2). A ces antiques fragments se seraient surajoutés d'autres récits, et, de la fusion de ces multiples rédactions, seraient sortis, aux dates indiquées, nos Evangiles actuels. C'est dans cette hypothèse qu'on a pu dire que « la lettre de nos vieux textes évangéliques (était) l'expression la plus archaïque de la foi (3). »

En second lieu, il faut tenir compte des destinataires auxquels s'adressent ces écrits. Tandis que les Epîtres apostoliques, l'Evangile selon saint Jean et les Synoptiques eux-mêmes, dans leur forme dernière, étaient destinés à l'instruction et à l'édification des convertis, des chrétientés naissantes, des églises constituées ; les fragments primitifs utilisés soit par les Synoptiques, soit par les Actes, et qu'on a qualifiés de « sources sous-jacentes », n'étaient que l'écho de la prédication primitive, entreprise pour convertir à la

---

(1) Eusèbe. *Hist. eccl.*, III, 39.
(2) R. P. Rose, *Revue biblique*, 1er juillet 1898, La critique nouvelle et les Actes des Apôtres, p. 325.
(3) Mgr Batiffol, *Six leçons sur les Evangiles*, 3e leçon, p. 74.

religion nouvelle. Ceux-ci s'adressaient à des non-croyants, ceux-là à des croyants. Ces vieux textes correspondraient vraisemblablement à la catéchèse ordinaire des Apôtres et des premiers prédicateurs chrétiens (1). C'est ce que laisse entendre Papias, quand il nous montre saint Marc reproduisant les didascalies de saint Pierre (2). Cet Evangile nous est ainsi présenté comme le thème habituel de la prédication du chef des Douze. Or nécessairement la christologie exposée à des non-chrétiens qu'on voulait gagner au christianisme ne devait être ni aussi profonde, ni aussi perfectionnée que celle développée dans les communautés pour le plus grand bien des fidèles.

Enfin on remarquera que le même mode d'enseignement, la même didascalie, n'aurait su convenir à des esprits d'origine et de culture différentes. Les mêmes arguments ne pouvaient servir à la fois à l'évangélisation des Juifs palestiniens, des Hellénistes et des païens. La christologie primitive se revêtait d'une forme messianique quand elle s'adressait aux Juifs ; il eût été impossible d'affirmer brutalement à des spiritualistes comme les Israélites que Iahvé s'était fait chair. Il fallait procéder avec méthode et faire appel au sentiment religieux et national : le Messie était venu, c'était Jésus de Nazareth. Et ce Messie était Dieu lui-même. La première de ces affirmations était la plus difficile à faire accepter ; et c'est bien sur ce point, comme on le verra par la suite, que semblent surtout s'être

---

(1) « Les Synoptiques sont, pour ainsi dire, un travail anonyme, la résultante écrite de l'évangélisation fragmentaire et orale... (ils) nous ont transmis ce qu'on prêchait et comme on le prêchait. » Mgr LE CAMUS *Fausse exégèse, mauvaise théologie*, p. 37.

(2) EUSÈBE, *Hist. eccl.*, III, 39.

d'abord portées les catéchèses apostoliques. On conçoit que cette argumentation eût été sans valeur pour les païens. L'idée de Messie était alors superflue. A des polythéistes qui pressentaient l'unité divine ou s'acheminaient vers le panthéisme, il fallait montrer le Christ comme le Dieu unique, qui crée le monde, l'anime, le meut, se manifeste à lui, mais aussi se distingue de lui (1).

On comprend dès lors combien il est difficile de se diriger au milieu des textes évangéliques et tout ce que renferme de conjecture, parfois hasardée, la reconstitution de la catéchèse apostolique. Il faut arriver aux écrits de saint Paul et de saint Jean pour se retrouver sur un terrain solide.

CHAPITRE II
La Didascalie de saint Pierre.

ARTICLE PREMIER
La prédication de saint Pierre d'après les Actes des Apôtres (I-XII).

Certains récits de la première partie des *Actes des Apôtres* paraissent empruntés aux plus anciens documents. On a remarqué que les discours, prononcés aux premiers jours de l'Eglise, avaient dû être reproduits par l'historien d'après les sources primitives. « D'origine païenne, érudit et lettré.... (saint Luc n'a) pu inventer de toutes pièces des discours imprégnés d'hébraïsmes, où abondent les citations et les formules de l'Ancien Testament, dont la loi et les prophètes ont fourni les idées centrales, qui sont d'une inspiration biblique incontestable. Il n'y a qu'un Juif, dont

____
(1) *Actes*, XVII, 22-32.

l'éducation a été faite aux sources bibliques qui ait pu les composer... Ils (ces discours) sont résumés, cela va sans dire, puisque le plus long, celui de saint Etienne, pourrait être dit en cinq minutes ; mais ils sont, de l'aveu des meilleurs critiques, très bien en situation ; ils ne sont pas surchargés de la christologie pleine et plus dense que l'on trouve dans les prédications plus avancées. Ils nous apparaissent comme *les témoins exacts du premier éveil de la conscience chrétienne au lendemain du jour de la Résurrection* (1). »

Ils nous renseignent, d'abord, sur l'idée que les Apôtres se font de leur mission et sur la manière dont ils la remplissent. Au jour de l'Ascension, Jésus leur a dit : « Vous serez mes *témoins* à Jérusalem, dans toute la Judée, la Samarie et jusqu'aux extrémités de la terre (2). » Ils se donnent, en effet, comme *les témoins de la Passion et de la Résurrection de Jésus*. Ils témoignent, ils parlent et ils disent ce qu'ils ont *vu* et *entendu*. Saint Pierre répète jusqu'à huit fois l'expression : « nous en sommes tous témoins (3), » ou une formule équivalente. Et quand il s'agit de remplacer Judas dans le collège des Douze, Pierre fait valoir la nécessité de choisir le candidat « parmi ceux qui, dit-il, nous ont accompagnés tout le temps que le Seigneur Jésus a vécu avec nous, depuis le baptême de Jean, jusqu'au jour où il a été enlevé du milieu de nous », et que l'élu « *devienne avec nous le témoin de sa Résurrection* (4). » Témoins de Jésus, les premiers disciples se réservent « le service de la parole » et

(1) R. P. Rose, *Revue biblique*, 1ᵉʳ juillet 1898. La critique nouvelle et les Actes des Apôtres, p. 327-328.
(2) *Actes*, I, 8.
(3) *Actes*, II, 32 ; I, 21-22 ; III, 15 ; IV, 20 ; V, 32 ; X, 39, 41, 42, etc.
(4) *Actes*, I, 21, 22.

ce service consiste simplement à annoncer ce qu'ils ont vu et entendu, à se présenter en particulier comme les garants oculaires de la résurrection de Jésus. « Ce Jésus, Dieu l'a ressuscité, nous en sommes tous témoins (1). »

En second lieu, ces discours nous renseignent sur l'idée que les premiers prédicateurs donnent de Jésus à leurs auditeurs. Au sortir du cénacle, avec les lumières nouvelles que leur a apportées l'Esprit-Saint le jour de la Pentecôte, les Apôtres commencent à prêcher et ce qu'ils mettent principalement en relief, c'est le caractère historique de Jésus. Ils n'annoncent pas encore le « Verbe éternel » de saint Jean, ni la « forme divine » de saint Paul. Ils s'arrêtent au Christ de l'histoire. Ils insistent sur ce point que « Jésus de Nazareth, cet *homme* à qui Dieu a rendu témoignage » devant les Juifs « par les miracles, les prodiges et les signes que Dieu a opérés par lui », qui a été crucifié, est ressuscité par Dieu. Cette résurrection, réalisation des prophéties relatives au Messie, est un fait incontestable. Pierre l'affirme sur le témoignage de ses compagnons joint au sien et il termine son premier discours par ces mcts : « que toute la maison d'Israël sache donc avec certitude que Dieu a fait Seigneur et Christ ce Jésus que vous avez crucifié (2). »

Cette première manifestation de la foi apostolique, à l'origine même de l'Eglise, cette première prédication du chef des Apôtres nous fournit la pensée maîtresse de tous les autres discours. Tout gravite autour de la résurrection. Si Jésus est ressuscité, il est le Christ prédit. Or il est ressuscité ; les Douze engagent leur parole sur ce point. Et ce Jésus ressuscité, ce n'est pas un

(1) *Actes*, ii, 32 ; iii, 15 ; iv, 2, 33 ; x, 11, etc.
(2) *Actes*, ii, 14-37.

personnage d'imagination. C'est ce Jésus de Nazareth que les Juifs ont bien connu, puisqu'ils l'ont crucifié. Et cependant cet *homme* était l'*instrument* de Dieu ; Dieu avait opéré *par lui* des prodiges (1) ; mais Dieu *l'a ressuscité* en le délivrant des liens de la mort (2). Dieu, par sa droite, *l'a enlevé* au ciel (3). Dieu *l'a fait Christ et Seigneur* (4).

Ces diverses formules exprimaient la glorification d'un homme par Dieu. Pierre continuera, par la suite, à développer les mêmes idées, sans jamais cependant identifier parfaitement Jésus avec Dieu (5). Le Dieu d'Abraham, d'Isaac et de Jacob (6) est toujours celui qui agit *par* Jésus, son *serviteur* (7), qu'il a *glorifié* (8), qu'il a *oint* (9),

(1) *Actes*, II, 22 ; οἷς ἐποίησεν δι᾽ αὐτοῦ ὁ Θεός.

(2) *Actes*, II, 24 ; ὃν ὁ Θεός ἀνέστησεν ; voir II, 24 ; III, 15 ; IV, 10 ; V, 30 ; X, 40.

(3) *Actes*, II, 33 ; τῇ δεξιᾷ οὖν τοῦ Θεοῦ ὑψωθείς.

(4) *Actes*, II, 36 ; καὶ κύριον αὐτὸν καὶ χριστὸν ἐποίησεν ὁ Θεός.

(5) *Actes*, III, 12-26 ; IV, 8-12 ; IV, 21-30.

(6) *Actes*, III, 13 ; V, 30.

(7) *Actes*, III, 13, etc. L'expression *Serviteur de Iahvé* est un titre messianique (voir Isaïe 42, 1, etc). Le texte des *Actes* porte (III, 13) : τὸν παῖδα αὐτοῦ Ἰησοῦν. La Vulgate traduit : *Filium suum Iesum*. Le mot παῖς signifie enfant, serviteur. Fils est exprimé par υἱός. Le texte serait mieux rendu par l'expression : *puerum suum Iesum* et ne serait pas sollicité dans un sens théologique qu'il ne semble pas avoir avec tant de relief. On remarquera d'ailleurs que, quelques lignes plus bas (IV, 25) quand Pierre dit de David : Δαυεὶδ παιδός σου, la Vulgate traduit cette fois : *David pueri tui*. Si l'on a la curiosité de continuer la lecture, on retrouve deux versets plus loin (IV, 27) l'expression : παῖδά σου Ἰησοῦν. Que lit la Vulgate ? *puerum tuum Iesum*. Que l'on poursuive encore jusqu'au verset 30 du même passage, où on rencontre de nouveau l'expression : τοῦ ἁγίου παιδός σου Ἰησοῦ. La Vulgate revient ici à sa première traduction : *sancti Filii tui Jesu*.

(8) *Actes*, III, 13 ;

(9) *Actes*, IV, 27 ; X, 38.

qu'il a *élevé* par sa droite *comme Prince et Sauveur* (1). Ce Jésus, le *Saint*, le *Juste* (2) était le *Prince de la vie* que les Juifs ont tué (3), mais que *Dieu a ressuscité* d'entre les morts (4). Dieu *a permis* ensuite qu'il *apparût* aux témoins *choisis d'avance par Dieu lui-même* (5), car *Dieu était avec lui* (6). Aussi a-t-il été établi *par Dieu, Juge des vivants et des morts* (7). Il n'y a de salut qu'en lui et aucun autre nom que le sien ne peut nous sauver (8). Quiconque croit en lui reçoit par son nom le pardon des péchés (9). C'est par sa grâce que l'on est sauvé (10), car en ressuscitant Jésus crucifié, *Dieu l'a fait Seigneur* (11). Désormais cette expression devient l'appellation propre de Jésus de Nazareth *glorifié*. Il est *le Seigneur* (12). Cette dénomination se substitue même à son propre nom. A diverses reprises, Pierre ne désigne son Maître que par ce terme : il ordonne de baptiser « au nom du Seigneur » (13) ; il rappelle les paroles du Seigneur (14) ; il enseigne que Jésus est « le Seigneur de tous » (15), etc.

Jésus, le Nazaréen ressuscité, est donc le Christ prédit : c'est à ce terme qu'aboutit la didascalie

(1) *Actes*, v, 31.
(2) *Actes*, iii, 14.
(3) *Actes*, iii, 15.
(4) *Actes*, iii, 15.
(5) *Actes*, x, 41.
(6) *Actes*, x, 38 , ὅτι ὁ Θεός ἦν μετ'αὐτοῦ.
(7) *Actes*, x, 42.
(8) *Actes*, iv, 12 ; iii, 16 ; iv, 10.
(9) *Actes*, x, 43 ; v, 31.
(10) *Actes*, xv, 11.
(11) *Actes*, ii, 36.
(12) ὁ Κύριος ; *Actes*, i, 21 ; ii, 36 ; iv, 33 ; v, 14 ; viii, 25 ; ix, 31, 35, 42 ; x, 36, 48 ; xi, 16, 17 ; etc. Sur le sens de ce mot voir *infra* p. 29 note et tome II p. 43 et suiv.
(13) *Actes*, x, 48 ; (à rapprocher de ii, 38) ; viii, 16, etc.
(14) *Actes*, xi, 16, 17.
(15) *Actes*, x, 36.

de Pierre. Christ, Jésus jouit de prérogatives surhumaines. Finalement, il est le Seigneur ; c'est-à-dire, il est Dieu. Ce terme, Κύριος, était, en effet, consacré dans la littérature post-exilienne. Les Septante l'avaient employé pour traduire le tétragramme ineffable I H V H (Iahvé) (1). Pierre l'applique indistinctement tantôt à Jésus (2), tantôt à Dieu (3), tantôt à la fois à Jésus et à Dieu, dans le même discours (4), si bien que, dans certains passages, on ne sait s'il parle de Jésus ou de Dieu (5).

Dès le début de son apostolat, Pierre enseigne par conséquent la divinité de Jésus de Nazareth ; mais il s'exprime avec une imprécision qui pourrait laisser croire que le Christ est un Dieu inférieur, subordonné à Iahvé. Pierre semble l'opposer à Dieu, dont il le distingue (6). Dieu l'*a destiné*, l'*a annoncé*, l'*a suscité*, Dieu l'*envoie* (7). Dieu opère *par* lui, Dieu agit *par* lui. Dieu le *le fait* Christ, Dieu *le fait* Seigneur... etc. Cette dualité divine serait la négation du monothéisme et un tel enseignement eût fatalement échoué dans les milieux juifs où le christianisme naissant devait d'abord se faire accepter. Comment

(1) Les Septante traduisent généralement *Elohim* par ὁ Θεός (Gen., I, 1 etc.) ; *Iahvé* par ὁ Κύριος (Gen., x, 9, etc.) ; *Ha-Elohim* par ὁ Θεός (Gen., v, 22, etc.) ; *Iahvé-Elohim* par Κύριος ὁ Θεός (Gen., II, 4, etc.) ; *Adonaï* quelquefois par Δεσπότης (Gen., xv, 2, 8, etc.), le plus souvent par ὁ Κύριος (Gen., xviii, 3, 27, etc.).

(2) Voir la note 12 de la page précédente.

(3) *Actes* I, 21 ; II, 21, 25, 31, 39 ; III, 20, 22 ; IV, 23, 29. ; VIII, 22 24 ; x, 4, 14 ; XII, 7, 11, etc.

(4) *Actes*, II, 34, 36 ; VIII, 21, 24, 25 ; XI, 8, 16, 17, etc.

(5) *Actes*, VIII, 20, 25 ; XII, 17, etc.

(6) *Actes*, XI, 17.

(7) *Actes*, III, 14, 18, 26, etc.

alors Pierre conciliait-il l'unité divine et la dis-
tinction entre Iahvé et Jésus ? Il semble bien que
ces problèmes ne s'imposaient pas encore à la
pensée chrétienne ; rien dans les textes conservés
ne le laisse supposer. L'*homme* que les disciples
avaient connu, aimé et admiré, était ressuscité
après avoir été exécuté. De cette résurrection ils
étaient sûrs pour avoir vu et entendu le Maître
vivant après sa mort. Jésus avait ainsi réalisé
les prophéties. Il était entré dans la gloire. Christ,
il était devenu Seigneur et il ne pouvait y avoir
de salut qu'en lui. Mais était-il Seigneur avant
sa résurrection ? Sans doute, puisque sa résurrection était la manifestation éclatante de sa
Seigneurie, par suite de sa divinité (1). Avant sa
résurrection il voilait sa divinité sous l'enveloppe
humaine, et apparaissait d'abord comme un
homme semblable aux autres. Depuis, il s'est
élevé davantage au-dessus de l'humanité, sans
devenir cependant inaccessible comme l'être
suprême. Il n'est pas seulement Dieu, ni seulement homme : il est le Seigneur. Le moment n'est
pas encore venu où la conscience chrétienne
sondera cette mystérieuse énigme de l'Homme-

---

(1) A ceux qui se convertissent, Pierre donne le baptême au nom
de Jésus-Christ, du Seigneur (*Actes*, ii, 38 ; x 48). Et par la manière
de faire du diacre Philippe qui, dès l'origine de l'Eglise, et sous la
direction et le contrôle des Apôtres, administre ce sacrement (*Actes*,
viii, 16, 36, 38), on voit qu'une des conditions requises du néophyte
est de professer la croyance à la divinité de Jésus-Christ. A la
question de Philippe, l'eunuque, qui a sollicité le baptême répond :
« Je crois que Jésus-Christ est le Fils de Dieu. πιστεύω τὸν υἱόν
τοῦ θεοῦ εἶναι τὸν Ἰησοῦν χριστόν. » Cependant il importe de
remarquer que ce texte si précis et qui jetterait une lumière si vive
sur la croyance de l'Eglise primitive, manque dans les plus anciens
manuscrits. Il est connu de saint Irénée et de saint Cyprien et
appartiendrait au texte occidental.

Dieu et en cherchera la solution dans l'unité des personnes et la dualité des natures. L'heure n'est pas aux problèmes théologiques et philosophiques. Il s'agit d'abord de convertir ; mais le principe de solution est entrevu et il restera à en dégager les conclusions (1).

ARTICLE II

La christologie de saint Pierre d'après l'Evangile selon saint Marc.

Le chef des Douze confirmait son témoignage par le rappel des prodiges opérés par Jésus de Nazareth, sous les yeux des Juifs qui pouvaient s'en souvenir. Il était ainsi amené à jeter comme les bases d'une biographie du Sauveur. Par la suite, à Antioche, à Rome, les principaux événements de la vie de Jésus devaient tenir une plus grande place dans son enseignement. On conçoit que les premiers chrétiens, qui n'avaient pas connu le Seigneur, « qui croyaient sans l'avoir vu » (2), fussent avides d'apprendre d'un témoin autorisé comme Pierre, les moindres incidents de la vie évangélique.

Marc se chargea de recueillir pour les frères et de consigner par écrit les faits les plus saillants

(1) « L'impression produite sur l'âme n'a même pas besoin d'être reconnue par les individus qui la reçoivent. Que des personnes n'aient pas conscience d'une idée, ce n'est pas une preuve qu'elles n'ont pas cette idée... L'absence totale ou partielle, ou l'imperfection des propositions dogmatiques n'est pas une preuve qu'il n'y avait pas d'impressions ou de jugements implicites dans l'âme de l'Eglise. Des siècles ont même pu s'écouler, sans qu'une vérité qui avait été longtemps la vie secrète de plusieurs millions d'âmes fidèles, ait été exprimée formellement. » NEWMAN. *Discours d'Oxford* de 1843. Traduction Bremond, pages 23 et 30. Bloud.

(2) 1 Petr., 1, 8.

rapportés par Pierre, au cours de ses prédications. Après avoir accompagné Paul et Barnabé dans leur première mission, il avait suivi à Rome le chef des apôtres. Tout porte à croire qu'il connaissait la christologie de Paul et qu'il avait lu l'Epître aux Romains. Cependant son dessein n'était pas d'en faire usage pour écrire son Evangile. Il se proposait, au dire de Papias, de reproduire les *Didascalies de Pierre*. Interprète de cet apôtre, il l'entendait rapporter sans ordre et suivant les besoins les *Logia du Seigneur*. Il n'avait qu'un souci : *ne rien omettre* de ce qu'il avait entendu, n'y mêler aucune erreur, *retracer avec exactitude*, et sans se préoccuper de les ordonner avec méthode, les paroles ou les actes du Sauveur racontés par Pierre (1). — Saint Irénée dit également que cet évangéliste, « disciple et interprète de Pierre, nous a, à son tour, transmis par écrit, les enseignements de Pierre » après sa mort (2). Cette opinion était si ferme que saint Justin désigne cet Evangile sous le titre de « *Mémoires de Pierre* »(3). A ces affirmations on pourrait encore ajouter celles de Clément d'Alexandrie (4), d'Origène (5), de Tertullien (6), de saint Jérôme (7), qui

---

(1) « Et le presbytre disait ceci : Marc, devenu l'interprète de Pierre, écrivit avec exactitude, mais sans ordre, ce dont il se souvenait des paroles ou des actes du Seigneur ; car il n'avait ni entendu ni suivi le Seigneur, mais Pierre, et plus tard, comme je l'ai dit. Or celui-ci, donnait les Didascalies, suivant les besoins, et sans mettre d'ordre dans les *Logia du Seigneur ;* de sorte que Marc n'est pas en faute pour avoir écrit d'après ses souvenirs ; son seul souci était de ne rien omettre de ce qu'il avait entendu et de n'y mêler aucune erreur. » — Eusèbe. *Hist. eccl.*, III, 39.

(2) *Adv. Haer.*, III, I, 1. et dans Eusèbe v, 8.

(3) *Dial. adv. Tryph.* 106.

(4) Eusèbe, *Hist.*, *eccl.* VI, 14.

(5) *Ibid.* ; VI, 25.

(6) *Adv. Marcion.*, IV, 5.

(7) *De vir. ill.* c. 8 ;— *com. in. Matth. proemium ;* — Ep. 120 *ad Hedib.*

s'accordent à nous présenter l'Evangile selon saint Marc comme l'écho d'une partie, la partie historique et évangélique (1), de la prédication de Pierre. Et Eusèbe paraît avoir résumé la tradition quand il écrit : « mais la lumière de la religion brilla (à Rome) d'un tel éclat dans l'esprit des auditeurs de Pierre qu'il ne leur fut pas suffisant d'avoir entendu seulement l'exposé oral de cette prédication divine. Ils firent toutes sortes d'instances auprès de Marc, l'auteur de l'Evangile qui nous est parvenu et le compagnon de Pierre, pour qu'il leur laissât un livre qui leur fût un *mémorial de la didascalie donnée de vive voix par l'apôtre*, et ils ne cessèrent leurs demandes qu'après avoir été exaucés. Ils furent ainsi la cause de la rédaction de l'évangile selon Marc. Pierre connut, dit-on, le fait par une révélation de l'Esprit et il se réjouit d'un pareil zèle : il autorisa l'usage de ce livre pour la lecture dans les églises. Clément rapporte ceci dans sa sixième *Hypotypose* et l'évêque d'Hiérapolis, Papias, le confirme de son propre témoignage (2). »

Aux Juifs hellénistes, aux païens, prosélytes, Pierre apprenait donc à Rome, comme auparavant à Antioche, le ministère du Sauveur. Ayant reçu le baptême de Jean, Jésus de Nazareth annonça la bonne nouvelle, la venue du royaume de Dieu. Il proclamait que les temps étaient accomplis ; le royaume était proche ; il fallait s'y préparer par la pénitence et la confiance en son message (3).

Ce Jésus était un charpentier de Nazareth,

(1) A ces récits, Pierre devait joindre des conseils parénétiques, des considérations morales et même dogmatiques, comme on le voit déjà par ses discours dans les *Actes des Apôtres.*
(2) Eusèbe, *Hist. eccl.*, II. 15.
(3) *Marc*, I, 14, 15.

fils de Marie, apparenté à des gens de Galilée (1).
Il se présenta comme le prédicateur du royaume
de Dieu et, ayant quitté son état et sa famille (2),
il parcourait le pays accompagné de quelques
disciples devenus ses intimes (3). A peine com-
mençait-il à parler qu'un esprit impur, qui s'était
emparé d'un homme, l'invectiva à Capharnaüm,
en pleine synagogue, et l'accusa d'être le
Messie (4). L'heure de Jésus n'était pas encore
venue. Il lui imposa silence et l'expulsa du corps
de l'homme ; mais le bruit de cet événement se
répandit aussitôt de tous côtés dans la Galilée (5).
Et de toutes parts on vint à lui et tous cherchaient
à le voir (6).

Désormais c'est une lutte sourde, pour ainsi
dire, entre Jésus qui se réserve et la foule qui,
impatiente d'attendre le Messie, veut lui arracher
son secret (7). Aux démons qui le reconnaissent
et qu'il expulse (8), aux malades qu'il guérit (9),
à ses disciples à qui il laisse entrevoir qui il est (10),
il impose ou recommande le silence. Il ne juge
pas opportun de se révéler encore, parce que le
royaume de Dieu, s'il est déjà venu, n'est pas
encore compris. Il prêche, en effet, un royaume
spirituel, et non une rénovation nationale, comme
l'attendent les Juifs. « Plus tard, quand il aura

(1) *Marc*, VI, 1 3.
(2) VII, 21, 31.
(3) I, 20, 39, etc.
(4) I, 24. « Je sais qui tu es, le *Saint de Dieu*, » c'est-à-dire le
Messie ; voir Psaume XV, 10 ; Daniel, IX, 24.
(5) I, 1, à 28.
(6) I, 37, 45.
(7) Voir R. P. Rose, *Evangile selon saint Marc*, Introduction, III,
le *Secret messianique* p. XV-XXVIII. Bloud.
(8) I, 21, 25, 34 ; III, 11, 12, etc.
(9) I, 43, ; V, 43 ; VII, 36 ; VIII, 26, etc.
(10) VIII, 30 ; IX, 8.

fondé le règne de Dieu dans les âmes, et non pas
en ramenant en Palestine les tribus dispersées,
quand il aura montré que le champ de son royaume est le cœur retourné vers Dieu, et non pas
la terre de Jérusalem la sainte, que le salut est la
rédemption du péché et du mal, et non pas la
libération du joug romain, alors il prendra le
titre de Messie. Il l'aura dégagé de la conception
populaire, en le transmuant en quelque sorte et
en lui substituant un contenu nouveau (1). »
Auparavant il faut opérer le triage parmi ses
auditeurs. La bonne nouvelle, l'annonce du
royaume est comme une semence jetée en
terre par le semeur (2) ; les uns la font fructifier ;
d'autres la laissent dépérir. Ceux qui reçoivent le
messager du royaume, reçoivent celui qui
l'a envoyé (3) et pour ceux qui croient à son
message, Jésus multiplie les miracles, par bonté
et compassion, en récompense de leur confiance ;
mais devant les incrédules, fussent-ils ses
proches, il se reconnaît impuissant à opérer des
prodiges (4).

Un noyau de fidèles, apôtres, femmes, disciples, etc., de plus en plus compact, se forme autour de lui. Ceux-là adhèrent à la bonne nouvelle ; ce sont les croyants du royaume et peu à
peu Jésus se révèle à eux comme l'Oint du Seigneur,
le Christ, le Messie lui-même. Sur le chemin de
Césarée, il provoque la confession de Pierre :
« Mais vous, que dites-vous que je suis ? Pierre
répondant lui dit : *Tu es le Christ*. Et il leur
recommanda sévèrement de ne dire cela de lui à

<hr>

(1) R. P. Rose. *Etudes sur les Evangiles*, p. 181.
(2) *Marc*, iv, 1, 35.
(3) ix, 36.
(4) vi, 5, 6.

personne (1). » Cette recommandation confirme la croyance de Pierre. Peu de temps après, dans un autre entretien, Jésus ne gardera plus cette réserve avec les siens et se désignera lui-même sous ce nom (2).

En présence de la multitude, il est plus prudent, car il cherche d'abord à susciter la foi. On ne sait encore qui il est. Quand il demande à ses disciples ce qu'on pense de lui dans le peuple, on lui répond que les uns le tiennent pour Jean-Baptiste, d'autres pour Élie, ou quelque prophète (3). On ne songe pas qu'il peut être le Messie. Il est donc parvenu à faire oublier l'impression provoquée par l'affirmation extraordinaire du possédé de Capharnaüm.

Il ne se refuse pas cependant à se manifester en public; mais il veut le faire progressivement, à mesure qu'on pénètre mieux le sens de sa mission et son rôle de messager et de fondateur du royaume spirituel de Dieu. S'il se donne, devant la foule, des titres messianiques, il le fait avec réserve et discrétion, et le plus souvent pour revendiquer des droits qu'on lui conteste, ou des pouvoirs que l'on discute. Il se dit le *Fils de l'homme* (4), à différentes reprises, une quinzaine de fois; mais il n'emploie publiquement cette dénomination que trois fois : pour affirmer devant les scribes scandalisés son pouvoir de pardonner les péchés (5); — pour justifier la violation du sabbat que lui reprochent les Pharisiens (6); — enfin devant un auditoire, qui

(1) VIII, 29, 30.
(2) IX, 40.
(3) VIII, 27, 28.
(4) Sur le sens de cette expression, voir l'appendice.
(5) II, 10.
(6) II, 28.

semble assez gagné à sa cause pour être en mesure d'entendre les austères leçons du renoncement et du sacrifice et l'annonce de la parousie (1).

En dehors de ces circonstances, cette locution est réservée pour les intimes ; mais alors elle sert à marquer, en quelque sorte, les étapes que doit parcourir le Messie pour achever sa carrière et à épurer la conception par trop particulariste que les disciples se font de sa mission. Par trois fois, Jésus en fait usage pour annoncer sa passion. Il profite de la confession de Césarée. Maintenant qu'ils savent qu'il est le Christ, il doit leur dire la destinée du Christ et leur entr'ouvrir les yeux sur un avenir de nature à les dérouter :

« Et il commença à leur enseigner qu'il faut que le Fils de l'homme souffre beaucoup et qu'il soit rejeté par les anciens, par les grands prêtres et par les scribes, et qu'il soit mis à mort, et qu'il ressuscite après trois jours. Et c'est *ouvertement* qu'il leur disait ces choses (2). » « Le Fils de l'homme doit souffrir beaucoup et être méprisé (3) ... (Il) sera livré entre les mains des hommes, et ils le feront mourir ; et, mort, trois jours après il ressuscitera (4). » La dernière annonce est la plus précise et la plus détaillée : « Voici, nous montons à Jérusalem, et le Fils de l'homme sera livré aux grands prêtres et aux scribes. Et ils le condamneront à mort, et ils le livreront aux païens, et ils l'outrageront et cracheront sur lui ; et ils le flagelleront et le feront mourir ; et après trois jours, il ressuscitera (5). » Ainsi Jésus savait

(1) viii, 34-39.
(2) viii, 31, 32.
(3) ix, 12.
(4) ix, 30.
(5) x, 33, 34.

de quelle mort il devait mourir ; il savait que sa
mort faisait partie du programme messianique
qu'il avait à remplir ; mais les Apôtres ne saisis-
saient pas, eux, cette nécessité ; ils ne comprenaient pas ainsi le rôle du Messie et Pierre va
jusqu'à réprimander le Maître de ce qu'il estime
une défaillance, une pensée découragée (1). Jésus
insiste ; ils ne comprennent pas davantage et,
angoissés, craignent de l'interroger (2). Alors
Jésus leur révèle son rôle de *Rédempteur* et leur
montre un Messie victime et expiateur : « Le Fils
de l'homme n'est pas venu pour être servi mais
pour servir, et *pour donner sa vie en rançon
pour un grand nombre* (3). » Ainsi il accomplit les
prophéties et sa mission messianique. « Le Fils
de l'homme s'en va, selon ce qui est écrit de
lui (4) » ; mais il doit ressusciter ; — il l'affirme à
quatre reprises (5) ; — et à la fin du monde « on
verra le Fils de l'homme venir sur les nuées en
grande puissance et gloire. Alors il enverra les
anges et rassemblera ses élus des quatre vents, de
l'extrémité de la terre jusqu'à l'extrémité du
ciel (6). » Une telle affirmation renouvelée devant
Caïphe ne devait laisser aucun doute aux sanhédrites sur le caractère messianique que s'attribuait Jésus (7).

Il met plus de réserve encore, même avec ses
familiers, à faire connaître la nature de ses rapports avec Dieu. Le Messie, le Fils de l'homme
occupe une place supérieure à toute créature.

(1) VIII, 32.
(2) IX, 31.
(3) X, 45.
(4) XIV, 21, 41.
(5) VIII, 31 ; IX, 8, 30 ; X, 31.
(6) XIII, 26.
(7) XIV, 62.

Il vient immédiatement après le Père et avant les anges (1). « Il est si lointain des hommes que les anges des cieux viennent s'interposer entre eux et lui ; il est inabordable, parce qu'il a sa place naturelle auprès du Père, dans un voisinage immédiat : les hommes, les anges, le Fils, le Père, voilà la gradation qu'il révèle au monde par un texte reconnu authentique (2). » Il est vrai que, dès le début de son ministère, les démons ont dévoilé avec une brutalité intempestive la personnalité de Jésus : « Je sais qui tu es. Tu es venu pour nous perdre. *Tu es le Fils de Dieu.* Qu'y a-t-il entre moi et toi, Jésus, *Fils du Dieu Très-Haut* ? Je t'adjure par Dieu, ne me tourmente pas. » Et Jésus « les menaçait beaucoup pour qu'ils ne le fissent pas connaître (3) ».

Dieu, Jésus avait conscience de l'être. Au jour de son baptême « comme il remontait de l'eau, il *vit* les cieux se fendre et l'Esprit, comme une colombe, descendre sur lui. Et une voix partit des cieux : *Tu es mon Fils,* le bien-aimé, en qui je me complais (4). » La conscience de cette filiation ne date-t-elle en lui que de ce jour ? C'est ce que l'Evangéliste ne dit pas. Uniquement soucieux de rapporter exactement, quoique sans ordre, la didascalie de Pierre, il ne se pose pas des questions théologiques que Pierre ne soulevait pas dans son enseignement. Marc ouvre son récit par la description du baptême de Jean ; il ne révèle rien des temps antérieurs. Il raconte cette manifestation divine et n'a en vue que la personne de Jésus en la rapportant. Il ne mentionne, ni

---

(1) XIII, 32.
(2) R. P. Rose, *Études sur les Évangiles*, p. 249.
(3) I, 24 ; — III, 12 ; — V, 7.
(4) I, 10, 11. σὺ εἶ ὁ υἱός μου ὁ ἀγαπητός, ἐν σοὶ εὐδόκησα.

n'insinue rien qui permette d'affirmer que les assistants en aient été témoins. La Révélation s'est-elle donc faite pour Jésus seul ? Et pour parler de lui, comme Pierre d'après les Actes, est-ce ce jour-là que Dieu *l'a fait Christ* et Seigneur ? Ce serait, semble-t-il, abuser de la brièveté et de la sobriété de Marc que d'isoler son texte pour l'interpréter contre la Tradition. Matthieu et Luc se montrent plus explicites et sans contredire l'interprète de Pierre, le complètent en donnant, avec plus de détails, le récit circonstancié de cet épisode. En venant recevoir ce baptême de pénitence, Jésus n'avait pas l'intention de se purifier de fautes, comme s'il en était coupable. Au contraire, il a déjà conscience de remplir une mission supérieure. Il se sait au-dessus de Jean. Il fait cependant cette démarche pour ouvrir l'ère messianique et relier son ministère à celui de Jean qui a préparé les voies (1). La révélation n'est pas pour lui qui sait qui il est ; mais pour les disciples de Jean. Elle est publique et il ne semble pas que Jésus ait été le seul à voir et à entendre les manifestations divines (2).

De même qu'il voulait transformer la fausse conception du Messie, avant de se manifester ouvertement comme tel, de même, avant de se révéler Fils de Dieu, Jésus voulait d'abord être accepté comme Messie. La marche est progressive. Après la confession de Césarée où ses disciples le proclament le Christ attendu, après la confidence qui suit sur la destinée et le rôle rédempteur du Fils de l'homme, Jésus fait encore un pas. Il emmène trois de ses fidèles sur une montagne, à l'écart, pour que, cette fois, ils

(1) *Matthieu*, III, 14, 15.
(2) *Luc*, III, 21, 22.

apprennent de Dieu lui-même, qui il est : « Il fut transfiguré devant eux... une nuée vint les couvrir et de la nuée sortit une voix : *Celui-ci est mon Fils, le bien-aimé*, écoutez-le. Et aussitôt, ils regardèrent tout autour, et il ne virent plus personne que Jésus avec eux (1). » Pierre, Jacques et Jean pénétraient ainsi le mystère même de la personnalité de Jésus. Ils savaient maintenant exactement qui était le Maître : le Fils de Dieu. Désormais ils devaient avoir toute confiance en Lui et ne plus se scandaliser de la mort rédemptrice prédite par Jésus. Et pour les affermir davantage, pendant qu'ils descendaient de la montagne, Jésus leur annonçait encore que le Fils de l'homme ressusciterait. Pour l'instant, il leur demandait le secret sur la scène à laquelle ils venaient d'assister ; mais, après la résurrection, ils pourraient raconter ce qu'ils avaient vu. Les trois disciples semblaient comprendre de moins en moins et ils se demandaient entre eux ce que ce pouvait bien être que ressusciter d'entre les morts (2). Apparemment la révélation survenue pendant la transfiguration, les avait peu éclairés.

Malgré les recommandations de Jésus, le secret sur sa personne n'était pas si bien gardé qu'il n'en transpirât quelque chose en dehors du groupe déjà nombreux de ses fidèles. Les prodiges qu'il opérait ne pouvaient que contribuer à cette divulgation. D'ailleurs, il n'entendait pas non plus se dissimuler toujours ; il se réservait de se révéler quand le peuple serait suffisamment préparé pour comprendre ; mais on lui opposait une telle incrédulité qu'il n'aurait pu la vaincre qu'en violentant la liberté des âmes. Ceux qui

____

(1) *Marc*, ix, 1, 6, 7.
(2) ix, 9.

imploraient leur guérison l'appelaient publiquement « *Fils de David* (1), » expression qui était pour tous un titre messianique (2). Lui-même s'appelle « *le Seigneur* ». Il ordonne à un démoniaque qu'il vient délivrer de retourner vers les siens, dans sa demeure. « Raconte-leur tout ce que *le Seigneur* (ὁ Κύριος) t'a fait et comment il a eu pitié de toi. Et il s'en alla et il se mit à publier dans la Décapole tout ce que Jésus avait fait pour lui (3). »

Enfin Jésus, avant de mourir, se décide à à affirmer publiquement son caractère messianique. Il choisit lui-même l'endroit et l'heure de sa manifestation ; il en surveille même les détails. Il prévoit jusqu'aux objections et formule la réponse à faire : « Le Seigneur en a besoin (4). » Le résultat répond à ces préparatifs. C'est un véritable triomphe. Jésus entre à Jérusalem acclamé par la foule. Ce cortège de gens nombreux et dans l'enthousiasme le salue comme le *Messie envoyé de Dieu,* comme le *Fils de David*

---

(1) x, 47, 48.
(2) xii, 35.
(3) v, 19 ; xi, 3.   Ce mot « Κύριος » est employé par les Synoptiques dans deux sens, comme en hébreu le terme *Adonaï* qui tantôt est réservé à Dieu, tantôt est une appellation respectueuse adressée par l'homme à son semblable (Gen., xix, 2 ; xxiii, 6,11,15). Le plus souvent il n'est qu'une formule de politesse que les suppliants emploient vis-à-vis de Jésus (voir Marc, vii, 28 ; ix, 23, etc.), un équivalent du terme hébreu *Mâr* (rapprocher *Marathana*, le Seigneur vient II Cor., xvi, 22). C'est dans ce sens qu'il est presque toujours employé dans les Synoptiques. Jésus ne repousse pas cette appellation, mais en se l'appliquant il en amplifie le sens et le particularise. Il n'est pas « seigneur ». Il est « *le* Seigneur » et ainsi il s'attribue une dénomination réservée à Dieu avec lequel il s'identifie. Il fait subir à ce mot, comme à celui de Christ, une sorte d'épuration. Il lui infuse en quelque sorte une signification plus élevée que celle acceptée par ses auditeurs. Il l'interprète pour lui, dans un sens absolu et divin. Voir *supra,* page 15, et tome II, page 43 et suiv.
(4) xi, 1, 3.

qui va restaurer le royaume de son Père (1). Ce sont les paroles mêmes d'un psaume messianique qui s'échappent de leurs lèvres dans de bruyantes exclamations (2).

Cette fois Jésus, aux yeux du peuple, avait pris nettement position, résolu à subir toutes les conséquences d'une pareille démarche. Le pouvoir religieux intervient et le met en demeure de s'expliquer : « De quelle autorité agis-tu ainsi (3) ? » En réponse Jésus raconte aux grands prêtres, aux scribes et aux anciens venus à lui, la parabole de la vigne et des vignerons, — parabole remplie de données christologiques (4). « Le maître envoie successivement tous ses serviteurs, au temps de la vendange, pour exiger le produit de sa vigne. Ils sont battus ou tués ou reçus à coups de pierres. Il avait encore *un fils ;* il était *l'unique*, le *bien-aimé ;* il l'envoya vers les vignerons, le dernier, en disant : « Ils auront du respect pour mon fils. » Mais ces vignerons disent entre eux : « Voici l'*héritier ;* venez, tuons-le, et l'héritage sera à nous. » Dans la parabole, le fils est l'unique du maître de la vigne ; sa naissance l'exalte au-dessus de tous les serviteurs. *Jésus est donc le fils unique du Père.* Les prophètes envoyés successivement à Israël pour faire valoir les droits de Dieu, ont été les *serviteurs* du Père ; ils sont aussi les siens. Les droits assignés par la parabole au fils unique et bien-aimé, c'est l'héritage total et exclusif des fonds paternels, l'héritage qui lui revient par naissance. Jésus parce qu'il est le fils, *a les mêmes droits que*

(1) XI, 10.
(2) Ps. CXVII, 25.
(3) XI, 28.
(4) XII, 1, 12.

Dieu. Il partage avec lui le condiminium universel : régner sur le monde, non pas à la façon d'un roi politique et militaire, mais comme un Dieu. Sa venue dans ce monde est de plus une condescendance de la part de son Père et une humiliation pour lui. Aller demander les redevances est l'office du serviteur. Quand tous ont échoué, le père se résout à envoyer son fils ; il espère que lui au moins sera respecté. *Exaltation* de Jésus-Christ au-dessus de tous les prophètes et des grands serviteurs de l'Ancien Testament, *droits uniques de ce fils*, aussi étendus, aussi pleins que ceux de Dieu lui-même, *abaissement volontaire* au rôle de serviteur, voilà trois caractères de la filiation divine du Sauveur : ils se dégagent de cette parabole, sans qu'il soit besoin d'en tourmenter et d'en solliciter le texte. Le fond mystérieux de Jésus vient à la lumière ; cette personnalité, qui sous le titre de Fils de l'homme, travaillait sans éclat, silencieusement et lentement à l'œuvre du royaume des cieux, ose revendiquer les honneurs tels qu'ils conviennent à un *fils né de Dieu*, les droits mêmes de Dieu. Voilà une prétention sans exemple et sans précédent ; elle n'a pas été reprise (1). »

L'historien ajoute que les délégués du Sanhédrin « avaient compris que c'était pour eux qu'il avait dit cette parabole » (2). Jésus se révélait donc maintenant sans réserve. A quelque temps de là, il s'affirmera de nouveau, avec plus de netteté encore, à la fois Christ et Dieu. « Comment, remarquait-il, les scribes disent-ils que le Christ est fils de David ? David, lui-même a dit

<hr>

(1) R. P. Rose, *Études sur les Évangiles*, p. 200-202. Les passages soulignés ici ne le sont pas dans le texte de l'auteur.
(2) XII, 12.

par l'Esprit-Saint : Le Seigneur a dit à mon Seigneur : Assieds-toi à ma droite jusqu'à ce que je place tes ennemis sous tes pieds. David, lui-même, l'appelle Seigneur; comment donc est-il son fils » ? (1) — Comment David, en effet, peut-il être le père d'un prince qui, antérieurement à lui, règne à la droite de Iahvé, qui participe à la puissance de Dieu, que Dieu traite en égal ? Et cependant l'origine davidique du Christ n'est pas contestable. Tout Israël attend un Messie de lignage royal. C'est donc que Jésus, qui s'arroge des droits et des pouvoirs messianiques, se considère sous un double aspect, comme Seigneur de David préexistant dans la sphère divine et comme fils de David par sa génération humaine.

De telles affirmations le devaient mener à la mort qu'il avait annoncée. Arrêté au jardin de Gethsémani, il comparaît devant le grand prêtre et le Sanhédrin. Caïphe l'interroge et lui dit : « Es-tu le *Christ, le fils du Béni ?* Jésus répondit : *Je le suis.* Et vous verrez le Fils de l'homme assis à la droite de la puissance de Dieu, et venant sur les nuées du ciel. Le grand prêtre, déchirant ses vêtements, dit : Qu'avons-nous encore besoin de témoins ! Vous avez entendu le blasphème. Que vous en semble ? Tous le condamnèrent comme digne de mort (2). » Le blasphème qui, proféré devant le tribunal, rend inutile l'audition d'autres témoins et suffit, à lui seul, à éclairer la religion des sanhédrites et à provoquer la sentence de mort, c'est l'aveu de Jésus. Il avoue ce dont on l'accuse. « Il se déclare le Messie, Fils de Dieu,

______

(1) XII, 35 – 37.
(2) XIV, 61,–61. σὺ εἶ ὁ χριστός ὁ υἱός τοῦ εὐλογητοῦ ; ὁ δέ Ἰησοῦς εἶπεν· ἐγώ εἰμι, καί, etc.

et revendique pour lui la plus haute fonction messianique, une fonction proprement divine, celle du jugement. L'aveu dépasse la question, il n'est pas seulement le Messie de la conception populaire. Il leur révèle que c'est lui qui réalisera l'œuvre de Iahvé, que le jour de son avènement sera le jour de Iahvé. Il faut donc reconnaître dans la réponse de Jésus une déclaration de filiation divine, naturelle et positive (1). » Une telle déclaration est rejetée comme un blasphème et fait décréter sa mort. Devant Pilate, Jésus s'affirme de nouveau le Messie (2). Crucifié, il entend encore les juges lui reprocher, mais cette fois avec une ironie cruelle, ses prétentions messianiques : « Que le Christ, le roi d'Israël, descende maintenant de la croix, afin que nous voyions et que nous croyions (3) ! » Cependant le centurion, ému par une mort si douloureuse et si sereine, sentit la lumière se faire dans son âme : « Vraiment cet homme était Fils de Dieu (4). »

Le lendemain du sabbat, Jésus, comme il l'avait prédit, ressuscita. Il apparut à Marie de Magdala, à deux disciples en voyage, aux Onze pendant qu'ils étaient à table. Puis le Seigneur « fut enlevé au ciel et il s'assit à la droite de Dieu ». Depuis, du haut du ciel il assiste ses disciples, il « opère avec

(1) R. P. Rose, *Evang. selon S. Marc*, p. 155, note.
(2) xv, 2.
(3) xv, 32.
(4) xv, 39. A moins de supposer une révélation intérieure, on ne s'explique guère cette affirmation inattendue sur les lèvres d'un officier romain. Peu au courant des discussions théologiques des Juifs il devait considérer Jésus, ainsi que le portait le titre d'accusation suspendu à la croix, comme un homme accusé, à tort ou à raison, de s'être dit *le Roi des Juifs*, Luc lui fait dire : Certainement cet homme était juste (xxiii, 47). Et cette appréciation a pour elle plus de vraisemblance. Une fois converti, on s'explique qu'il ait professé la divinité de Jésus, et Marc lui a peut-être attribué, dans cette circonstance, sa profession postérieure.

eux et confirme leur parole par des miracles (1) ».
L'historien ne juge pas à propos d'insister sur ces
derniers événements. La prédication de Pierre
est assez nette, assez ferme sur ce point pour
s'être gravée sans doute d'elle-même dans les
esprits, sans qu'il soit besoin d'entrer dans de
longs détails (2). Le « mémorial de la didascalie de
Pierre » ne devait être d'ailleurs, dans la pensée
de son auteur, qu'un résumé propre à conserver
le souvenir des faits les plus exposés à l'oubli.

CHAPITRE III

La Tradition palestinienne.

La catéchèse des autres Apôtres ne devait pas
différer sensiblement de celle de Pierre. Témoins
des mêmes faits, ils avaient reçu les mêmes enseignements et la vie en commun qu'ils menaient
à Jérusalem, avant de se répandre dans le monde,
contribuait à maintenir une certaine uniformité
dans leur méthode. Des détails plus précis, des
impressions plus vives sur tel ou tel incident de
la vie du Maître semblent avoir été, à ce moment,
les seules variantes possibles. A mesure cependant
que les convertis augmentaient, et surtout du
jour où les Hellénistes furent introduits dans la

(1) xvi, 19-20.
(2) En tête de cet Evangile, on lit (i, 1) : « Commencement de
l'Evangile de Jésus-Christ, *Fils de Dieu.* » On ne lit dans d'anciens manuscrits que : « Commencement de l'Evangile de Jésus-Christ. » Les
mots suivants « Fils de Dieu » sont cependant connus de saint Irénée,
adv. Hær., iii, 2, 4.

communauté, une adaptation et même une inter-
prétation des faits évangéliques devint de plus en
plus nécessaire (1).

Tandis que Pierre allait catéchiser à Rome,
Matthieu instruisait les Juifs de Palestine (2). Il
dut les quitter à son tour pour annoncer la bonne
nouvelle dans d'autres régions. Et Eusèbe nous
raconte qu'avant son départ, les Judéo-chrétiens
obtinrent de lui qu'il leur laissât *par écrit le
thème ordinaire de sa prédication*. « Matthieu,
dit-il, après avoir d'abord prêché aux Hébreux,
et sur le point d'aller vers d'autres peuples, écrivit, dans sa langue maternelle, l'Evangile qu'il
leur avait enseigné afin de compenser par cet
écrit la perte de sa présence (3). » Cet Evangile
était donc, dans la pensée de Matthieu, comme le
résumé de son enseignement. Il fut écrit dans la
langue du pays (4) et sur ce point Papias (5), saint
Irénée (6), saint Épiphane (7) confirment le témoignage d'Eusèbe. Il est moins sûr que le texte grec
que nous possédons, sous le nom d'Evangile selon
saint Matthieu, soit une traduction de l'Evangile
araméen. On est cependant assez porté à le penser.
Et dans cette hypothèse, le traducteur grec aurait même utilisé, pour son travail, l'Evangile
selon saint Marc, lequel serait antérieur à cette
traduction (8). Cette version, dont on ignore l'au-

(1) Voir le Discours de saint Etienne. *Actes,* VII.
(2) S. IRÉNÉE, *Adv. haer.* III, 1.
(3) *Hist. eccl.,* III, 24.
(4) On s'est demandé si cet Evangile avait été écrit en hébreu ou
en araméen. — Voir JACQUIER, *Hist. des Livres du Nouv. Test.,* II,
p. 30 et suiv.
(5) « Matthieu écrivit les *Logia* en langue hébraïque ; et chacun les
traduisait comme il pouvait. » EUSÈBE, III, 39.
(6) « Matthieu a écrit l'Evangile pour les Hébreux, dans leur propre
langue. » *Adv. haer,* III, 1.
(7) *Haer.,* XXX, 3.
(8) Voir JACQUIER, op. cit., II, p. 356 et suiv.

teur, aurait circulé de très bonne heure. Si Papias, qui vivait dans la première moitié du iie siècle, remarque, en parlant d'autrefois, que « chacun interprétait comme il le pouvait » (1) le texte hébreu des *Logia,* c'est qu'il n'en était plus ainsi de son temps. Le texte grec est connu, en effet, de l'auteur de la *Didaché,* de saint Clément de Rome, de saint Ignace, etc., ce qui rend impossible de faire descendre au delà de la fin du premier siècle l'époque de son apparition.

Nous avons donc, dans cet opuscule, un aperçu de la catéchèse apostolique, en usage chez les Palestiniens ; car c'est à eux qu'est destiné l'Evangile grec selon saint Matthieu. Telle qu'elle semble ressortir de cet écrit, la didascalie du publicain converti revêtait un caractère différent de celle du chef des Douze, bien qu'en substance elle restât la même. Cette dernière, d'ailleurs, on l'a constaté, avait elle-même évolué. Entre les discours prononcés au sortir du cénacle et les prédications faites à Rome, il y a des nuances assez prononcées et l'idée qui nous est suggérée de la personnalité de Jésus, dans ces différentes situations, ne se présente pas identiquement sous le même jour. De Jérusalem à Rome, en une période d'une trentaine d'années, Pierre, dans les divers milieux par lui fréquentés, avait subi, indépendamment des secours surnaturels, certaines influences, entre autres celles de Paul et des Hellénistes, qui l'avaient amené à préciser sa pensée et à la formuler autrement.

De Matthieu à Marc, la différence est plutôt de méthode. Les divergences de détail dans l'ordre des faits ou, sur le texte des *Logia* mises à part,

_____

(1) Eusèbe, iii, 39.

le personnage est bien le même d'après les deux évangélistes et, dans les grandes lignes, le Jésus de Matthieu ressemble étonnamment au Jésus de Marc ; seulement la manière de le présenter est tout autre.

A mesure que l'époque évangélique s'enfonçait dans le passé et que le christianisme se développait, s'affirmait davantage, aux yeux des Judéo-chrétiens, un fait qui les déconcertait et même devenait, pour certains, comme une pierre d'achoppement : si Jésus est le Messie, s'il a vraiment fondé le royaume annoncé par les prophètes, comment expliquer que les Juifs, les héritiers de ce royaume d'après les Ecritures, voient cet héritage passer aux païens ? Ce problème se posait avec une certaine acuité dans l'âme des frères de Palestine. Ils ne voyaient pas sans douleur l'irréductible incrédulité de leurs concitoyens, leur nation rejetée en masse, les recrues toujours nouvelles et plus nombreuses des Gentils. Et ils ne parvenaient pas à s'expliquer cette énigme.

Matthieu ne pouvait ignorer ce qui troublait l'esprit des fidèles et sans doute s'efforçait-il de les consoler et de les éclairer. A leur résoudre cette difficulté, il dut consacrer sa prédication, comme il y a consacré son Evangile ; il n'a probablement fait que mettre par écrit ce qu'il enseignait. Son dessein n'a pas été, par suite, de publier une vie de Jésus. « Il ne l'a pas racontée pour elle-même ; il ne s'est pas désintéressé de son temps... La vie de Jésus, dans cet écrit, est en quelque sorte aperçue à travers les préoccupations du temps de l'évangéliste, pour expliquer l'économie du salut, telle qu'en fait elle se développait, pour justifier la providence de Dieu, en montrant que le peuple juif s'était exclu lui-même du royaume par son aveuglement. On peut donc dire que ce premier évangile est une histoire de Jésus mise au service de l'histoire de l'Eglise et de la prédication apostolique, pour la défendre et l'éclairer (1). »

L'Evangile de Matthieu est ordonné vers cette idée que les Juifs sont rejetés par leur faute et qu'ils se sont fermé eux-mêmes le royaume des cieux. L'évangéliste prouve par des textes et des faits, que Jésus était le Messie ; les textes, ce sont les prophéties messianiques ; les faits, les événements et les circonstances de la vie de Jésus qui sont la réalisation de ces prophéties. Et l'écrivain ne fait pas faute de l'établir ; il cite à peu près quarante-cinq fois l'Ancien Testament et environ vingt de ces citations sont des prophéties qu'il montre accomplies en Jésus ; *ut adimpleretur quod, tunc adimpletum est* (2), etc. Il met en relief tout ce qui peut concourir à démontrer le caractère messianique de Jésus et fait ressortir, de préférence aux autres, les événements qui lui semblent le plus propres, à ce point de vue, à fortifier son affirmation. Messie, Jésus a inauguré le royaume messianique prophétisé et attendu par les Juifs. Ce royaume devait être fondé en Israël (3), mais, à cause de son incrédulité, Israël a été exclu du royaume et, à la place des Juifs, les païens ont été appelés à recueillir un héritage qui ne pouvait tomber en déshérence. Ainsi le but de l'évangéliste est moins de présenter Jésus comme le Messie que de montrer que Jésus a donné des signes manifestes de sa messianité, que les Juifs sont sans excuse par

(1) R. P. ROSE, *Evang. selon saint Matthieu.* Introd., p. XIV. Bloud.

(2) I, 22 ; II, 5, 15, 17, 23 ; III, 3 ; IV, 11 ; VIII, 17 ; XI, 10 ; XII, 17 ; XIII, 14, 35 ; XV, 7 ; XXI, 4, 16, 42 ; XXVII, 9, 35 ; etc.

(3) X, 5, 6 ; XV, 21.

leur aveuglement volontaire, leur incrédulité obstinée, de ne l'avoir pas reconnu (1). Ils ont fermé leurs yeux à l'évidence ; après l'avoir calomnié (2), ils ont mis leur Messie à mort et ont revendiqué la responsabilité de leur crime (3). Ils se sont exclus eux-mêmes du royaume (4) et désormais les Gentils sont les élus destinés à peupler ce royaume (5).

On le voit, Matthieu soutient une thèse, la même que Paul dans l'épître aux Romains. L'apôtre des Gentils expose, lui aussi, à la chrétienté romaine, que les promesses divines n'étaient pas attachées à la descendance charnelle, mais à la foi ; qu'Israël a été rejeté parce qu'il n'a pas cru dans le Christ ; qu'il s'est égaré en ne recherchant la justice que par des œuvres légales ; que le salut fut alors offert aux Gentils ; mais que le rejet d'Israël n'est ni complet, ni définitif (6). Ce rapprochement n'est pas fortuit. Il montre quel était l'empire de cette préoccupation dominante dans l'esprit des Juifs convertis, aussi bien à Rome qu'en Palestine. Ces premiers chrétiens éprouvaient une sorte de scan-dale à ne pas voir pleinement se réaliser les pro-phéties messianiques, du moins telles qu'ils les comprenaient. Ils ne concevaient pas que si Jésus était le Messie, Israël pût être rejeté et les Gentils appelés, contrairement à ce qu'ils croyaient les promesses divines et l'alliance contractée entre Iahvé et la race d'Abraham. C'était, en somme,

(1) xii, 24, 41, 42 ; xiii, 13, 17 ; xv, 14 ; xvi, 11; xxi, 28, 32 ; xxii, 1, 7 ; etc.
(2) « C'est un gourmand, un buveur, un ami des malfaiteurs et des publicains, un blasphémateur, Béelzéboul lui-même, » ix, 3 ; x, 25, xi, 19 ; xii, 24 ; etc.
(3) xxvii, 23, 25.
(4) xi., 20, 24.
(5) viii, 10, 12 ; xii, 41, 42 ; xxi, 43 ; xxviii, 10 ; etc.
(6) *Ep. aux Rom.*, ix, 1-xi, 36.

la fausse conception du royaume messianique qui
se perpétuait et qui provoquait une crise dans
l'Eglise naissante. Les Judéo-chrétiens ne pouvaient se faire à cette idée que le salut fût possible
en dehors d'eux et ils voulaient exiger que si on
n'appartenait pas, par le sang, à la race d'Abraham, à la race d'élection, à la race choisie, on lui
appartînt du moins par la cooptation : pour être
chrétien, il aurait fallu d'abord subir la circonci-
sion. Ces exigences ne pouvaient tenir devant les
faits ; la fausse conception du royaume messianique se continua sous une autre forme : l'attente
de la parousie prochaine. Ni les apôtres (1), ni
Paul lui-même (2) n'échappèrent à cette illusion,
qui devait par la suite, n'être pas étrangère à
l'apparition du millénarisme.

Apparemment la didascalie de Matthieu devait
donc avoir un caractère apologétique et c'est ce
qui la distingue de celle de Pierre telle que nous
la laisse entrevoir Marc. Et ce caractère explique
pourquoi Matthieu s'étend plus longuement sur le
royaume messianique.

Dès le début de son ministère public, les tentations fournissent à Jésus l'occasion d'esquisser
son programme. Ces tentations « tendent moins
à le solliciter au péché qu'à le faire dévier de son
but. C'est d'abord le doute sur lui-même, s'il est
bien réellement l'envoyé de Dieu, tentation provoquée par la souffrance, par l'abandon du Père ;
c'est ensuite la présomption et une mise en
demeure à l'égard de Dieu pour qu'il intervienne
et manifeste son Fils à l'aide d'un prodige qui lui
épargnera la souffrance, le contact humiliant

---

(1) *Ep. de S. Jacques*, v, 7, 8, 9 ; *Ep. de S. Jude*, 18 ; I *Ep. de
S. Pierre*, I, 5, 7, 13 ; IV, 7, 13, 17 ; v, 1, 4 ; II *Ep.*, III, 1. 10.
(2) R. P. LEMONNYER. *Ep. de S. Paul*, tome I, p. 40, note sur
l'Eschatologie de S. Paul. Bloud.

avec le peuple ; c'est enfin la royauté matérielle à la place de la royauté spirituelle, l'action humaine et politique au lieu du renoncement à soi-même et du sacrifice personnel ; en un mot, c'est le choix entre le messianisme vulgaire et le plan divin de rédemption qui lui est proposé sous la forme symbolique de ces épreuves au moment de sa manifestation comme Messie. Toutes les démarches qui vont commencer seront inspirées, on le verra, par l'esprit qui a repoussé les tentations ; elles ne seront que le déroulement et l'application des principes auxquels il s'est arrêté. Humble, méprisé, pauvre, n'ayant pas où reposer sa tête, il ne doutera pas que Dieu l'abandonne et qu'il est son Fils ; il refusera aux Pharisiens le miracle du ciel qu'ils demanderont pour qu'ils croient en lui ; il se dérobera aux foules qui veulent le faire roi ; il dissimulera même son titre de Messie pour maintenir le caractère spirituel et intérieur du royaume qu'il fonde ; il ne craindra pas de s'exposer au délaissement et à un abandon national (1) ».

Puis, l'auteur, avec des *Logia* dispersés et prononcés en diverses circonstances, reconstitue un discours ordonné et important. C'est la charte du royaume messianique, la loi nouvelle, le code de la justice chrétienne promulgué solennellement sur la montagne (2). Jésus s'y affirme comme le Législateur souverain, le Maître du royaume. Il semble s'opposer en quelque sorte à Iahvé qui a parlé par Moïse (3), alors qu'il ne fait que perfectionner les préceptes anciens et en dégager l'es-

____

(1) R. P. Rose. *Év. selon S. Matth.* p. 25, note ; voir *Études sur les Évangiles*, p. 104.

(2) *Matth.*, v, 1 ; vii. 20.

(3) « Il a été dit aux anciens, et *moi*, je vous dis, etc., » v, 21, 22, etc.

prit de la lettre qui tue (1). Il expose successivement les conditions à remplir pour avoir droit de cité dans le royaume (2), les devoirs et les privilèges des fonctionnaires du royaume (3), le sens et la valeur des lois qui le régissent (4), les droits et obligations des sujets (5), les difficultés et les obstacles dans l'obéissance aux lois, lesquelles sont pénibles et exigent de continuels sacrifices (6).

Ces difficultés viennent principalement d'un adversaire, d'un ennemi que Jésus a lui-même rencontré au début de son ministère, contre lequel il continue à lutter ; car cet ennemi prétend opposer son royaume au royaume de Dieu (7). Ce roi, prince des démons (8), c'est Satan (9), Béelzéboul (10), le méchant (11), l'ennemi (12), le diable (13), celui qui fait périr la bonne semence (14), qui sème l'ivraie (15), etc. Mais Jésus le chasse parce qu'il est, lui-même, le *Fondateur* du royaume messianique : « Si c'est par l'esprit de Dieu que moi je chasse les démons, c'est donc qu'il est survenu sur vous le règne de Dieu (16). » Il affirme ainsi le caractère intérieur, invisible et spirituel du royaume, de même que dans ses paraboles, il démontrera que « ce règne ne se fonde

(1) v, 17.
(2) v, 1-12.
(3) v, 13-16.
(4) v, 17-48.
(5) vi, 1 ; vii, 13.
(6) vii, 13-23.
(7) xii, 26.
(8) xii, 24 ; ix, 34.
(9) xii, 26.
(10) xii, 24.
(11) xiii, 19, 38.
(12) xiii, 39.
(13) viii, 39.
(14) xiii, 19.
(15) xiii, 39.
(16) xii, 28.

pas par une intervention subite de Dieu, par une manifestation irrésistible de sa toute-puissance ; ...une lente germination lui est nécessaire, et il ne réussit que selon la disposition des cœurs... A l'éclat, le Sauveur oppose l'invisible ; à l'instant, l'élaboration lente ; à l'infaillibilité de l'acte, la collaboration des âmes et des volontés ; à l'imminence, un lointain indéfini (1) ».

Fondateur du royaume, Jésus en est aussi le *Roi* et par cette royauté, il s'identifie avec Dieu ; c'est un aspect que Matthieu met mieux en relief que Marc. Il emploie de préférence l'expression « royaume des cieux » (2) ; mais il a été démontré qu'elle était l'équivalent de « royaume de Dieu (3) », formule d'ailleurs qui n'est pas inconnue de Matthieu et dont il fait usage à trois reprises (4). Dieu est le vrai Souverain du royaume. Il est le Père de ses sujets. Et sur le même plan que la royauté du Père des justes (5) apparaît la royauté de Jésus. Au jour où il doit « venir dans *son* règne » (6) le Fils de l'homme apparaîtra « dans la gloire de son Père, avec *ses* anges » (7). Il « enverra *ses* anges, qui arracheront de *son* royaume tous les scandales et ceux qui opèrent l'iniquité (8). Et lorsque le Fils de l'homme sera venu dans *sa* gloire, avec tous les anges, il jugera toutes les nations assemblées devant lui. Il fera le triage des bons et des mauvais et agira en souverain : « Alors le roi dira à ceux qui sont à sa droite, etc... et le *roi* leur

---

(1) R. P. ROSE, *Etudes sur les Evangiles*, p. 113-115.
(2) III, 2 ; v, 3, etc.
(3) R. P. ROSE, *Etudes sur les Evangiles*, p. 92-94.
(4) XII, 28 ; XXI, 31. 43.
(5) VI, 9. 10 ; XIII, 43.
(6) XVI, 28.
(7) XVI, 27.
(8) XIII, 41.

répondra etc... (1) ». Et les paroles de Jésus concernant sa royauté sont assez claires pour qu'une mère lui demande de réserver à ses fils une place de choix dans son royaume (2). Cette royauté de Jésus est effective. Non seulement il promulgue en souverain les lois du royaume dans le Discours sur la montagne, mais il agit en roi dans les limites du domaine royal et spirituel qui est le sien. Il expulse les ennemis du royaume et chasse les démons des âmes et des corps de ses sujets. Il délègue ce pouvoir à qui il veut (3) et dispose des clefs du royaume à son gré (4). Il remet intérieurement les péchés avec la même puissance qu'il guérit les paralytiques (5). Il est le maître du sabbat, c'est-à-dire le maître de la Loi mosaïque, parce que la Loi est l'expression de sa volonté ; ce n'est pas à lui à se conformer à la loi, mais aux autres à se soumettre à sa législation (6). Il n'a pas à payer les impôts, mais il les décrète et les fait recueillir par ses collecteurs (7). Il ne souffre pas que son autorité soit mise en discussion et d'une parole brève se refuse à rendre compte de ses actes : « Je n'ai pas à vous dire par quelle autorité j'agis ainsi (8) ». Il a plus de douze légions d'anges à sa disposition (9). Il a tout pouvoir sur le ciel et sur la terre (10). Il s'affirme le Juge souverain de l'univers qui portera une sentence définitive sur tous les hommes et tous les peuples.

(1) xxv, 31, 31, 40, etc.
(2) xx, 21.
(3) x, 1.
(4) xvi, 20.
(5) ix, 6.
(6) xii, 8.
(7) xvii, 26.
(8) xxi, 27.
(9) xxvi, 53.
(10) xxviii, 18.

Il viendra avec tous ses anges (1), dans toute la majesté de sa gloire (2), porté sur les nuées (3) ; on le verra assis à la droite de la puissance de Dieu (4), sur le trône de sa gloire (5), pour rendre à chacun selon ses œuvres (6). Alors toutes les tribus de la terre se lamenteront (7). Il enverra ses anges avec la trompette retentissante, qui rassembleront ses élus des quatre vents, depuis une extrémité des cieux jusqu'à l'autre (8). Toutes les nations seront assemblées devant lui. Et il séparera les uns d'avec les autres, comme le berger sépare les brebis d'avec les boucs. Il mettra les brebis à sa droite et les boucs à sa gauche. Alors le roi dira à ceux qui sont à sa droite : Venez, vous qui êtes bénis de mon Père, prenez possession du royaume qui vous a été préparé dès la fondation du monde (9). Il dira à ceux qui seront à sa gauche : Retirez-vous de moi, maudits, allez dans le feu éternel qui a été préparé pour le diable et pour ses anges (10). Et il ne laissera entrer dans le royaume que ceux qui auront fait la volonté de son Père (11). Les justes iront à la vie éternelle (12) et dans le royaume du Père, ils resplendiront comme le soleil (13). Les anges arracheront de son royaume (14) les artisans d'iniquité (15) ; ils les jetteront dans la fournaise

(1) xvi, 27 ; xxv, 31.
(2) xvi, 27 ; xxiv, 30 ; xxv, 31.
(3) xxiv, 30 ; xxvi, 64.
(4) xxvi, 64.
(5) xxv, 31.
(6) xxvi, 27.
(7) xxiv, 30.
(8) xxiv, 31.
(9) xxv, 32-35.
(10) xxv, 41.
(11) vii, 21-23.
(12) xxv, 46.
(13) xiii, 43.
(14) xiii, 41.
(15) xiii, 41 ; vii, 23.

ardente où il y aura des pleurs et des grincements de dents (1) et les criminels iront au supplice éternel (2). Alors toutes choses seront renouvelées (3).

Il y a donc, pour ainsi dire, deux royaumes, l'un terrestre, temporaire et spirituel, l'autre céleste, éternel et qui ne s'ouvrira pour l'humanité qu'après le jugement ; ou plutôt ce ne sont pas, à proprement parler, deux royaumes distincts, mais un seul et même royaume, dont la phase terrestre n'est, ici-bas, que la préparation et l'introduction de la phase éternelle ; ne seront admis définitivement dans la cour céleste que ceux qui auront fait la preuve, par un jugement institué à cette fin, qu'ils étaient inscrits au nombre des sujets loyaux et fidèles du royaume de Jésus ; c'est lui qui examinera les titres de chacun, reconnaîtra les siens et éliminera les autres. Impossible de pénétrer dans le royaume éternel, sans un laisser-passer émanant de son agrément, car, si le royaume céleste et éternel est le domaine propre du Père, seul, le Fils de l'homme en a les clefs, et il ne l'ouvrira qu'à ceux qui d'abord auront accompli leur stage dans son royaume temporaire, par l'accomplissement des lois morales qu'il a promulguées. Il a, en effet, reçu mission de fonder, ici-bas, ce royaume spirituel, comme introduction nécessaire au royaume éternel. Sur ce royaume spirituel et terrestre, sa souveraineté est absolue. Il en est le Maître avec les pouvoirs les plus illimités. Il le gouverne à son gré et édicte les lois qu'il estime convenables. Et, quand le jour sera venu, il sera l'*Introducteur*

(1) XIII, 42.
(2) XXV, 46.
(3) XIX, 28.

de ses sujets, dans le royaume de son Père ; mais, nul espoir de forcer la porte céleste ; auparavant il aura pris soin d'opérer le tri et de rejeter d'abord les étrangers et les mauvais citoyens ; et à ceux, mais à ceux-là seuls, qu'il aura reconnu les siens, il ouvrira le royaume des cieux ; et ainsi n'auront accès dans la cité du Père que ceux qui auront été les bons sujets de Jésus ; quiconque l'aura renié sera impitoyablement repoussé (1).

Aussi, quand Pilate lui demande s'il est roi, il répond sans ambages : Tu l'as dit (2). Les chefs de sa nation le lui reprocheront amèrement, après qu'ils l'auront fait crucifier. Tandis que les uns lui diront : « Si tu es le *Fils de Dieu,* descends de la croix ; » d'autres lui crieront : « S'il est *roi* d'Israël, qu'il descende maintenant de la croix et nous croirons en lui. Il s'est confié en Dieu ; que Dieu le délivre maintenant s'il l'aime. Car il a dit : Je suis le Fils de Dieu (3). »

Fils de Dieu, voilà, en effet, son principal titre à la royauté qu'il entend exercer. Le Père s'est déchargé sur son Fils, si l'on peut s'exprimer ainsi, du soin de fonder, ici-bas, son royaume dans les âmes et lui a laissé tous pouvoirs à ce sujet (4). A plusieurs reprises — une quarantaine de fois — Dieu est appelé *Père* dans l'Evangile selon saint Matthieu. Et Jésus, d'après ce qu'on y lit, a bien soin de marquer que Dieu n'est pas Père pour les autres hommes comme il l'est pour lui. Bien que de race humaine, Jésus se sépare du reste de l'humanité ; ses rapports avec le Père

(1) x, 31-33.
(2) xxvii, 11.
(3) xxvii, 40-41.
(4) xxviii, 18.

ne sont pas les mêmes que ceux des autres individus et de ce point de vue, il n'est pas leur égal. Il entretient avec le Père des relations d'ordre plus intime qui le placent à part, dans un rang supérieur. A ses disciples, à ses auditeurs, il dit « *votre* Père » (environ 21 fois) (1) ; dans d'autres circonstances, il dit « *mon* Père » (environ 20 fois) (2) ; mais *jamais* il ne dit « votre Père et le mien, notre Père » ; jamais, en parlant du Père, il ne se met sur le même plan que ceux qui l'écoutent. « Ce n'est pas sur les mêmes degrés du temple qu'il prie son Père et que ses disciples prient leur père ; il s'isole et se tient à une hauteur à laquelle les hommes n'ont pas accès. Le soin constant qu'il prend de maintenir la distance entre sa filiation naturelle et en quelque sorte innée, et la filiation acquise de ses disciples, entre le titre mon père et votre père, accusent de vraies préoccupations d'antithèse (3). » C'est qu'il n'est pas fils de Dieu comme les autres hommes. Eux sont fils de Dieu quand ils sont des pacificateurs et qu'ils font rayonner autour d'eux leur paix intérieure (4), quand ils aiment leurs ennemis, rendent le bien pour le mal et prient pour leurs persécuteurs (5) ; c'est-à-dire, quand, par amour pour Dieu, ils recherchent la perfection morale et s'efforcent, pour lui ressembler, d'être parfaits comme leur Père est parfait (6). Et Dieu est leur Père en ce sens qu'il est le seul modèle de la perfection à atteindre (7), qu'il veille, comme Provi-

(1) v, 16, 45, 48, etc.
(2) vii, 21 ; x, 31, 33, etc.
(3) R. P. ROSE, *Études sur les Évangiles*, p. 199.
(4) v, 9.
(5) v, 44, 45.
(6) v, 48.
(7) v, 16, 45, 48 ; xxiii, 9.

dence, sur chacun des siens, avec une sollicitude toute paternelle (1), et qu'il récompensera ceux qui seront entrés dans le royaume fondé par Jésus en les admettant dans son royaume éternel (2), de même qu'il châtiera ses enfants rebelles (3) !

Et ce n'est pas ainsi que Jésus est Fils de Dieu. Entre le Père et lui, la relation est unique et transcendante. Il n'est pas *un* fils ; il est *le* Fils (4), le seul, l'unique, celui qui, à l'exclusion de tous autres, entretient des rapports de réciprocité et d'égalité avec le Père. Parce qu'il est le Fils, il a tous pouvoirs ; parce qu'il est le Fils, il connaît si bien le Père qu'il pénètre jusque dans le mystère de ses desseins secrets, ignorés de tous :

« Je te loue, Père, Seigneur du ciel et de la terre,
« De ce que tu as caché ces choses aux sages et aux intelligents,
« Et de ce que tu les a révélées aux enfants.
« Oui, Père, je te loue de ce que tu l'as ainsi voulu.
« Toutes choses m'ont été données par mon Père,
« Et personne ne connaît le Fils, si ce n'est le Père.
« Personne non plus ne connaît le Père, si ce n'est le Fils et celui à qui le Fils veut le révéler (5). »

« Personne ne connaît le Père, si ce n'est le Fils, » c'est-à-dire personne n'arrive à comprendre ce qu'il est, ce qu'il veut et ce qu'il décrète. La nature de Dieu et surtout sa volonté ; ses conseils qui sont encore plus secrets et plus profonds, Jésus les sait ; il les voit..... Quant au Fils, il est lui-même si mystérieux, si inabordable,

(1) vi, 8, 26, 32 ; vii, 17 ; x, 20, 29 ; xviii, 14.
(2) vi, 1, 3, 6, 14, 18 ; xiii, 43.
(3) vi, 15.
(4) xi, 27, ὁ υἱός.
(5) xi, 25-27.

par sa trandescendance et sa plénitude, que seule l'intelligence du Père suffit à le connaître, seule est adéquate à sa nature. « Personne ne connaît le Fils, si ce n'est le Père. »..... Le Fils, placé près le Père, n'est visible que d'en haut ; on ne l'atteint pas de la terre. On a fait remarquer que les deux membres parallèles : seul le Fils connaît le Père, et seul le Père connaît le Fils, sont une formule orientale et qu'il ne faut pas disjoindre les termes pour les expliquer isolément. Elle exprimerait la parfaite adéquation, la réciprocité nécessaire des deux personnes mises en face l'une de l'autre. Ce sont deux foyers conjugués qui constamment se renvoient leur lumière, réfléchie et renforcée (1). »

Aussi, à la confession de Césarée, quand Simon Pierre s'écrie : « Tu es le Christ, le Fils du Dieu vivant, » Jésus lui répond : « Tu es heureux, Simon, fils de Jonas, parce que ce n'est pas la chair et le sang qui t'ont révélé cela, mais mon Père qui est dans les cieux (2). » Seul le Père qui connaît le Fils pouvait apprendre au disciple cette relation de Jésus à Dieu ; ni la réflexion, ni l'observation, ni le sentiment, ni aucun fait d'ordre humain n'aurait pu la lui laisser soupçonner. Cette vérité est en dehors du champ d'action de la raison humaine ; ni la chair ni le sang ne pouvaient donner la moindre indication à ce sujet. Fils égal au Père, Fils qui n'est connu comme tel que du Père et qui ne peut l'être de l'humanité que par une révélation du Père soit au jour du baptême de Jean (3), soit à Pierre (4),

---

(1) R. P. ROSE, *Etudes sur l'Evangile*, p. 203-204.
(2) XVI 16-17.
(3) III, 17.
(4) XII, 16-17.

soit sur le mont de la transfiguration (1), Jésus s'affirme donc le Fils unique de Dieu, non par adoption, ni par image, mais dans le sens plein du mot.

Et c'est en vertu de cette filiation divine qu'il est le Roi et le Fondateur du royaume spirituel d'ici-bas, et l'Introducteur dans le royaume éternel de son Père (2).

APPENDICE

Note sur la locution « le Fils de l'homme ».

L'expression *Fils de l'homme* appliquée à Jésus est d'un usage courant dans les Évangiles. On la trouve environ trente et une fois dans saint Matthieu, quinze fois dans saint Marc, vingt-six fois dans saint Luc, dix fois dans saint Jean. En dehors de ces passages, on ne la rencontre qu'une fois dans les *Actes des Apôtres* (3) une fois dans l'*Epître aux Hébreux* (4) et deux fois dans l'*Apocalypse* (5).

Dans les Evangiles, cette locution ne se trouve que sur les lèvres du Sauveur. Elle semble même être sa formule de prédilection. Quand il parle de lui-même, sans employer la première personne, Jésus ne se désigne ni sous le nom de Sauveur, ni sous celui de Christ ou de Messie qu'il évite, ni

(1) xvii, 5.
(2) vii, 21-23, x, 31-33.
(3) vii, 56.
(4) ii, 6.
(5) i, 23 ; xiv, 14.

sous celui de Maître qu'il refuse, mais couramment il dit : « Le Fils de l'homme, etc. » « Ce titre apparaît avec Jésus et disparaît avec lui... tous ses disciples ont évité l'emploi de cette formule (1). » Les quatre allusions relevées dans les autres écrits du Nouveau Testament ne sont pas, en effet, en rapport étroit avec les données évangéliques. Celle de l'*Epître aux Hébreux* n'est qu'une adaptation à Jésus d'un psaume cité de mémoire (2). Celles des *Actes* et de l'*Apocalypse* se rapprochent à la fois de la vision de Daniel et de la prophétie de Jésus sur sa mission de Juge souverain (3).

Si Jésus seul a fait usage de cette formule, il est du plus haut intérêt d'en pénétrer la signification ; car nous aurons ainsi le fond de sa pensée sur lui-même. Malheureusement le sens de cette expression est très problématique et ce n'est pas sans cause que Mgr Batiffol écrit : « On a eu grand raison de dire que la question que soulève ce titre « Fils de l'homme » était la plus complexe et la plus débattue de la théologie du Nouveau Testament. C'est une énigme pour la critique, qui va jusqu'à se demander si vraiment Jésus s'est donné ce titre, ou si ce titre ne lui aurait pas été attribué par une tradition tardive, et, par exemple, par les Gnostiques du IIe siècle ! En fait, l'Eglise chrétienne a refusé de se servir de cette expression : sa foi au Sauveur, à sa filiation divine incommunicable, à sa préexistence éternelle dans le sein du

---

(1) R. P. Rose, *Etudes sur les Evangiles,* chap. v, Le Fils de l'homme, p. 157-182.

2) Ps. VIII, 5-7.

(3) Saint Jacques, évêque de Jérusalem, au dire d'Eusèbe, qui le rapporte d'après Hégésippe, aurait, au moment de son martyre, confessé Jésus, à peu près dans les même termes que le diacre Etienne : « Il répondit d'une voix forte : Pourquoi m'interrogez-vous sur le Fils de l'homme ? Il est assis au ciel, à la droite de la grande puissance et il doit venir sur les nuées du ciel. » *Hist. eccl.,* II, 23.

Père, ne pouvait s'accommoder de ce titre. Saint Paul ne l'emploie jamais. On ne le relève dans aucune épître du Nouveau Testament. Les Evangiles ne le citent que dans les propres paroles de Jésus. La destinée de ce vocable est pareille à celle du vocable « prophète », à cette différence près que Jésus en use pour se désigner lui-même (1). »

Cette expression n'était pas cependant entièrement nouvelle. Elle avait déjà cours dans la littérature juive. Elle se lit dans les Nombres (2), Job (3), les Psaumes (4), l'Ecclésiastique (5), Isaïe (6), Jérémie (7), etc., et, dans ces différents passages, il n'y a là qu'une formule poétique, amenée par le parallélisme de la phrase, comme synonyme et équivalent du mot « homme » *ben-adam*.

Ezéchiel, qui l'emploie fréquemment (environ 80 fois), lui donne un sens plus particulier. Elle s'applique au prophète lui-même (8). Daniel s'en sert dans le même sens (9).

Dans ce dernier écrivain, cette locution cepen-

---

(1) Mgr BATIFFOL., *l'Enseignement de Jésus*, p. 191.

(2) XXIII. 19,— Dieu n'est point un homme pour mentir, ni comme le fils d'un homme pour se repentir.

(3) XVI, 21,— Puisse-t-il donner à l'homme raison contre Dieu, et au fils de l'homme contre ses amis.

XXV, 6,— Combien moins l'homme qui n'est qu'un ver, le fils de l'homme qui n'est qu'un vermisseau !

(4) VIII, 5,— Qu'est-ce que l'homme pour que tu te souviennes de lui, et le fils de l'homme pour que tu en prennes soin ?

CXLIII, 3,— Eternel, qu'est-ce que l'homme, pour que tu le connaisses, et le fils de l'homme (*ben-enôsch*) pour que tu en tiennes compte ?

(5) XVII, 29,— Car toutes choses ne peuvent être dans les hommes, parce que le fils de l'homme n'est pas immortel.

(6) LI, 12,— Qui es-tu pour craindre l'homme mortel et le fils de l'homme qui passera comme l'herbe ?

LVI, 2,— Heureux l'homme qui agit ainsi et le fils de l'homme qui y demeure ferme !

(7) XLIX, 18,— Aucun homme n'y habitera, aucun fils de l'homme n'y séjournera.

(8) II, 1, 3, 6, etc.— Il me dit : Fils de l'homme, je t'envoie, etc.

(9) VIII, 17,— Il me dit : sois attentif, fils de l'homme, etc.

dant apparaît avec une signification nouvelle.
Elle ne désigne plus le prophète, mais un être
supérieur qui descend du ciel sur les nuées et
vient, ici-bas, fonder un royaume éternel sur les
débris des empires détruits. La différence de sens
est elle-même marquée par une différence de
terme ; ce n'est plus *ben-adam* qu'écrit le prophète, mais *bar-enosch* (1) : « Je regardais pendant
mes visions nocturnes, et, sur les nuées des cieux
arriva *quelqu'un de semblable à un fils de l'homme* ; il s'avança vers l'Ancien des jours, et on le fit
approcher de lui. On lui donna la domination, la
gloire et le règne ; et tous les peuples, les nations
et les hommes de toutes langues le servirent. Sa
domination est une domination éternelle qui ne
passera point, et son règne ne sera jamais dé-
truit (2). »

Quel cet être semblable à un fils de l'homme ?
un personnage fictif ou réel ? un individu ou la
personnification d'une collectivité ? Daniel se fait
expliquer sa vision et s'informe au sujet de celui
qu'il vient de voir succéder aux quatre grands
animaux qui ont ravagé la terre et étendre son
empire sur tout l'univers. On lui répond : « Ces
quatre grands animaux, ce sont quatre rois qui
s'élèveront de la terre ; mais *les saints* du Très-
Haut recevront le royaume, et *ils* posséderont le
royaume éternellement, d'éternité en éternité....

(1) Il ne semble pas toutefois qu'on puisse tirer argument de la
substitution de cette expression à la formule classique pour en dégager l'idée de Messie, comme le fait le R. P. Calmes (*Evangile
selon saint Jean*, p. 160), quand il écrit : « Il faut distinguer l'expression chaldaïque *bar-enosch*, qui est propre au livre de Daniel, de la
périphrase hébraïque dont se servent les écrivains de l'Ancien Testament à la place du mot homme. » On a déjà rencontré une locution
équivalente *ben-enosch*, dans le sens indéterminé d'homme, au psaume CXLIII, 3.
(2) VII, 13, 14.

Le règne, la domination et la grandeur de tous
les royaumes qui sont sous les cieux, seront don-
nés *au peuple des saints* du Très-Haut. Son règne
est un règne éternel, et tous les dominateurs le
serviront et lui obéiront (1). » Ce personnage
semblable à un fils de l'homme figure donc le
peuple d'Israël tout entier. Cette expression symbolique n'est que la personnification de la gloire
et de la victoire du peuple juif. C'est l'espérance
du royaume messianique. Et comme « en Orient...
le royaume est le roi... le Fils de l'homme devait désigner bientôt celui qui était à la tête du
royaume de Dieu et qui avait mission de le fonder (2). »

Dans les deux siècles antérieurs à l'ère
chrétienne, le messianisme devint « en un sens
très strict... une doctrine très particulière, très
tardive, et, pouvons-nous dire, toute extrabibli-
que et populaire. Dans la Bible même, en effet,
ce messianisme est à peine indiqué... mais cette
donnée avait eu, depuis l'écrasement et l'humiliation d'Israël au temps d'Antiochus Epiphane
(175-164), une fortune d'autant plus irrésistible,
que la justice annoncée se faisait plus attendre (3). » Le messianisme était devenu, dans
l'âme populaire, l'espoir national. La foi nationa-
liste attendait le Messie qui consacrerait la
revanche d'Israël. Le vocable « fils de l'homme »
se popularisa, grâce au *Livre* apocryphe d'*Hénoch*,
paru dans le siècle qui précède la venue de
Jésus. L'auteur nous montre un « Messie justicier
qui doit épouvanter les rois et les puissants,
dénouer les brides des tyrans, broyer les dents

(1) vii, 17-18 ; — 27.
(2) R. P. Rose, *Etudes sur les Evangiles*, p. 171.
(3) Mgr Batiffol, *Bulletin de littérature ecclésiastique*, décembre
1903, p. 40, 41.

des pécheurs, jeter les rois à bas de leurs trônes, etc. » (1). Il n'est pas sûr cependant que la locution « fils de l'homme » soit, dans le livre d'Hénoch, applicable au Messie. On s'accorde généralement à reconnaître que cet ouvrage a été influencé par des idées chrétiennes. « Dans les portions les plus anciennes du livre, « fils de l'homme » est synonyme d'homme, d'accord avec le langage poétique de l'Ancien Testament. Dans les portions où « fils de l'homme » est messianique, on a vraisemblablement affaire à des interpolations chrétiennes » (2). Et même, fait remarquer le R. P. Rose, « s'il fallait assigner à ces parties du livre d'Hénoch une rédaction antérieure à Jésus-Christ, serions-nous autorisés à induire que le Sauveur leur aurait fait des emprunts ?... L'influence du livre d'Hénoch sur la doctrine de Jésus-Christ ne peut pas être prouvée. Le Sauveur et l'auteur de la vision ont pu évoquer ensemble la vision de Daniel, l'un et l'autre ont pu y puiser sinon l'inspiration, du moins les cadres très larges d'un programme messianique, sans que l'on doive conclure à une dépendance mutuelle... S'ils ont puisé à la même source, ils ont capté cette source à des hauteurs différentes, et ce ne sont par les mêmes eaux qui ont alimenté et fécondé leur génie... *Jésus semble avoir mis ce titre en circulation pour la première fois;* en le prenant, il lui a donné sa frappe ; c'étaient les œuvres spécifiques du Fils de l'homme qui devaient révéler progressivement quel était le Fils de l'homme (3). »

Quel est le sens que Jésus attribuait à ce mot

---

(1) MGR BATIFFOL, *Bull. de litt. eccl.*, décembre 1903, p. 43.
(2) MGR BATIFFOL, *L'Enseignement de Jésus*, p. 200, note.
(3) R. P. ROSE, *Études sur les Évangiles*, p. 107, 108.

en se l'appliquant à lui-même? Le Sauveur ne
s'est jamais expliqué sur ce point et on en est ré-
duit à le conjecturer d'après les circonstances, les
faits et les attitudes relatés dans les Evangiles.
Le R. P. Rose, à la suite de certains critiques
d'Allemagne, incline à penser que Jésus a em-
prunté ce titre à Daniel et lui a donné un sens
nouveau, ou du moins, en gardant le mot, a mo-
difié l'idéal messianique rêvé par l'âme populaire.
La foule ignorait que ce nom fût un titre messianique. Il n'était donc pas encore compromis; rien
ne le rattachait dans l'esprit du peuple à la conception du Messie terrestre et restaurateur de la
nationalité juive. Jésus pouvait le porter, sans
craindre les confusions qui seraient résultées des
vocables de Christ ou de Messie. « Des indices
sérieux et convergents nous montrent que la vision de Daniel a été souvent évoquée par Jésus-
Christ. N'est-elle pas rappelée surtout dans ce
discours apocalyptique? (Matthieu, xxiv, 30). C'est
la même scène, le même décor et le même style.
Le personnage a le même nom, c'est le Fils de
l'homme et il paraît sur « les nuées du ciel »;
comme dans la vision de Daniel, il prend place
près de Dieu lui-même, il a gloire, règne et toute-
puissance. On ne peut méconnaître l'allusion...
Loin de nous de penser que le Sauveur y a puisé
son inspiration messianique... (1); » cependant
« c'est là qu'il a puisé son titre. Mais pourquoi
s'est-il revêtu de ce nom, presque impersonnel?
Pourquoi a-t-il écarté le titre de Messie, en exi-
geant de ses disciples le secret absolu sur la confession de Césarée? Nous croyons pouvoir répon-
dre : Jésus a pris le titre de Fils de l'homme,

____

(1) R. P. Rose. *Etudes sur les Evangiles*, p. 171.

parce que ce titre est en connexion essentielle
avec le royaume de Dieu, qui est l'œuvre fonda-
mentale de sa vie... Jésus qui prenait ce titre,
parce qu'il espérait éveiller la curiosité de ses
contemporains et les amener à soupçonner l'être
mystérieux qui se cachait sous sa physionomie
humaine n'a pas été compris... Nous sommes donc
autorisés à conclure : le Sauveur s'est nommé le
Fils de l'homme parce que ce titre était réservé
au fondateur du royaume de Dieu. Il n'a pas été
compris comme un titre messianique par les auditeurs de Jésus, parce que le Sauveur n'a pas
joué immédiatement le rôle assigné par le prophète au Fils de l'homme assis à la droite de Dieu ;
il lui a suffi de revendiquer ce rôle glorieux, pour
que son caractère de Messie, Fils de Dieu, éclate
aux yeux des Sanhédrites (1) ».

Cependant les différents textes évangéliques
nous montrent un fils de l'homme bien différent
de celui de Daniel. Le prophète met en scène « un
être purement symbolique, mais symbolique de
gloire et de victoire, et qu'il n'est pas possible
d'identifier avec le serviteur souffrant et crucifié
que Jésus désigne sous le titre de « fils de
l'homme » (2). Et alors on s'est demandé s'il était
bien nécessaire d'aller chercher si loin l'origine
de ce vocable, d'autant qu' « en rigueur le passage
de Daniel favorise plutôt l'idée du Messie inaugu-
rant le royaume eschatologique, et nous retom-
bons ainsi dans le messianisme le plus juif (3). »

Jésus nous parle, lui, d'un Fils de l'homme,
pauvre, humilié, qui n'a pas où reposer sa tête,
qui est venu servir et non pour être servi, qui

(1) R. P. Rose. *Etudes sur les Evangiles*, p. 173 à 180.
(2) Mgr. Batiffol, *L'enseignement de Jésus*, p, 291, note.
(3) *Ibid.*

s'offre en victime, etc. Aussi semble-t-il que, sur ses lèvres, cette expression ne signifie ni l'homme en général, ni une sorte de prophète, ni un Messie glorifié et victorieux, mais simplement le Rédempteur. Jésus a ainsi voulu marquer « surtout sa qualité de serviteur, dans ce qu'elle a d'humble et soumis... L'expression Fils de l'homme est liée, non plus seulement à la pauvreté, à l'humilité, au labeur de Jésus, mais à sa passion. Elle évoque ainsi l'idée du serviteur de Iahvé décrit par Isaïe, « l'homme de douleur et connaissant la souffrance ». Et de fait, il est probable que le sens enfermé par Jésus dans l'expression Fils de l'homme est solidaire de l'idée du serviteur de Iahvé dont la mort est la rançon du peuple. Ce sens exclut toute idée de gloire messianique et de royauté triomphante (1). »

(1) Mgr Batiffol, *L'enseignement de Jésus*, p. 197, 198.

TABLE DES MATIÈRES

409-06. — Imprimerie des Orphelins-Apprentis. F. BLÉTIT,
10, rue La Fontaine, Paris.

Les Études ecclésiastiques d'après la Méthode de Mabillon, par le R. P. Dom Besse, de l'Abbaye de Ligugé. — 2° édition. 1 vol. in-18 jésus. — Prix : **1 fr. 50** ; *franco*.................... **1 fr. 75**

« Choix des auteurs à lire, esprit dans lequel il convient de faire ses lectures, principes de critique, manière pratique de prendre des notes, conseils sur la rédaction d'un travail : tout cela sera utile à d'autres encore qu'aux étudiants en théologie et en histoire ecclésiastique. Signalons tout particulièrement l'excellent appendice bibliographique qui fait une place importante aux travaux de critique et d'histoire et qui, conçu dans un esprit très large et tout à fait scientifique, ne néglige aucun des grands ouvrages de l'érudition contemporaine. On y retrouve en bon rang les travaux de Schürer, Harnack, Krüger, Kautzsch, Nestle et Holtzmann, à côté de ceux de P. Lejay, Loisy, Duchesne, Batiffol, Burneau, Turmel, Margival et Lagrange, pour ne citer que des noms de protestants allemands et de catholiques français. On ne peut que souhaiter à ce manuel bon nombre de lecteurs dans les séminaires... et ailleurs. » *(L'Ami du Clergé.)*

Prælectiones theologiæ dogmaticæ, ad Methodum Scholasticum Redactæ, quas habet in seminario Bisuntino, Dubillard, Doctor in S. Theologia, *hujus seminarii Superior et R. R. Archiepiscopi Bisuntini vicarius generalis*, præhabitis et plurimum conferentibus in Dogmatica speciali tractatibus theologicis A. R. P. Hilarii, Parisiensis, Ord. F. F. Min. cap. — 4 forts vol. in-8°. — Prix : **20 fr.** ; *franco en gare*...... **20 fr. 80**

Bibliorum sacrorum concordantiæ vulgatæ editionis ad recognitionem jussu Sixti V pontif. max. Bibliis adhibitam. — Recensitæ atque emendatæ ac plusquam viginti quinque millibus versiculis auctæ insuper et notis historicis, geographicis, chronologicis locupletatæ. Cura et studio F. P. Dutripon, theologi et professoris, nona editio accuratissime expurgata. — 1 magnifique volume in-4 jésus de 1512 pages à trois colonnes, sur papier vergé, renfermant la matière d'environ 20 volumes in-8 ordinaires. — **16 fr.** ; *franco* en gare la plus proche, **16 fr. 80** ; demi-reliure, **5 fr.** en sus.

Résumé de la Doctrine Catholique d'après le symbole des Apôtres, par Mgr FAVA, *évêque de Grenoble*. — 1 vol. grand in-8. Troisième édition revue et corrigée. Prix...................... 3 fr. 50
franco............................. 4 fr.

Dieu en trois personnes, Père, Fils et Saint-Esprit, inséparablement un dans son Être et dans son Action, se manifeste néanmoins à notre intelligence bornée selon une progression définie qui revêt, dans l'ordre humain, la forme d'événements historiques. Et d'abord Dieu *crée* le monde par son Verbe ou sa Parole, qui rend témoignage à son œuvre dans les Écrits de l'Ancien Testament. Puis Dieu le Fils *s'incarne* pour consommer l'union de notre humanité et de sa divinité, physiquement dans sa personne, moralement par sa mort rédemptrice et sa doctrine de salut. Enfin le Saint-Esprit, par l'organe de l'Eglise, enseigne la vérité contenue dans la parole de Dieu écrite et dans cette même parole incarnée. Cette philosophie intégrale du Christianisme, envisagé à la fois sous son aspect d'éternité et dans son développement temporel, est exposée au cours du présent livre dans un langage à la fois éloquent et clair. Aussi peut-on dire qu'il constitue la synthèse la plus accessible, malgré sa profondeur, du dogme catholique.

Les Psaumes, *traduits en français sur le texte hébreu*, d'après les remarques critiques des principaux auteurs, par René FLAMENT, prêtre de la Mission, professeur d'Écriture sainte au grand séminaire de Montpellier. 3ᵉ édition, revue et corrigée avec le plus grand soin. — 1 vol. in-8 cavalier. — Prix, 3 fr. ; *franco*.............................. 3 fr. 50

Ouvrage approuvé par S. G. Mgr de Cabrières, évêque de Montpellier.

« Votre travail a été fait avec une conscience scrupuleuse ; et vous n'avez rien épargné, soit par votre propre application, soit en consultant les savants modernes d'Allemagne et d'Angleterre, pour bien saisir et pour bien rendre le sens exact de ces divins cantiques. Vous avez su être littéral sans cesser de vous servir d'une langue correcte et même élégante. Je ne doute pas que votre livre ne soit très apprécié ; il aura des lecteurs même en dehors du clergé. »

(Approbation de Mgr de Cabrières.)

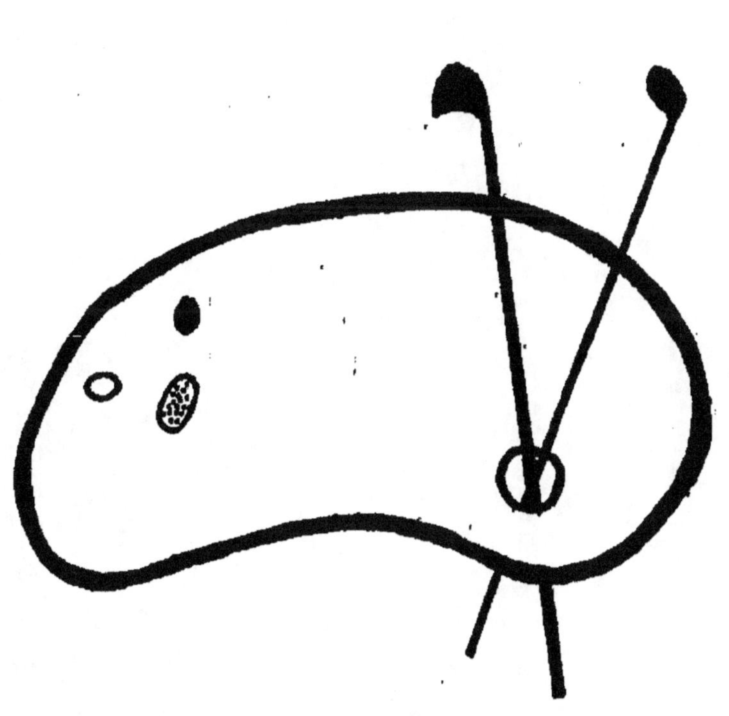
ORIGINAL EN COULEUR
NF Z 43-120-8